日本名校教授思考法

# 如何在資訊時代，活得清醒？

柳川範之
東京大學經濟學系教授

## 前言

現在這個世界上充斥著大量的資訊，我們只要打開手機、平板並連接網路，就能瀏覽世界上各式各樣的資訊。但是，如同洪水一般氾濫的資訊，也常會讓人迷茫著不知道哪些資訊可以相信、不知道該使用大量的資訊來做什麼。甚至由於資訊過於繁多，導致許多人煩惱著沒有時間能深入思考。

根本上來說深入思考是什麼呢？這是個非常難以回答的問題。不過，在這個充斥著大量資訊、人工智慧（ＡＩ）持續發展的時代，不論是想要在工作上有出色的表現，還是想發揮人類的優勢，深思熟慮都會是一件很重要的事。

一定有不少人如此煩惱著：即使隱約地覺得確實是那麼一回事，但等到真的要做的時候還是不知道該怎麼辦；或是，認為好好地學習一些東西確實比較好，但沒有那個時間。

本書會針對這些人，以我的方式來解釋深入思考、知性思考的方法。不必想得太難，也不是說必須學習什麼高深的知識。

其實唯一要做的只有養成動腦的習慣。舉例來說，我們不能光是知道「每天早上刷牙」的生活習慣，更重要的是要養成習慣。如此一來，身體才會自然動起來。

事實上「深入思考」這件事跟它沒有什麼差別，只要朝正確的方向養成動腦的習慣，不用思考太複雜的事情，也能自然而然地做到。

不過，要養成這樣的習慣，確實需要一定程度的練習，不可能一夜之間就達成。但是，只要踏實練習，終究一定會養成習慣，讓你取得知性思考的能力。

我會在本書中依序說明，進行什麼樣的練習能來讓你養成深思熟慮的習慣，並告訴你如何使用這個習慣來應對大量資訊。

雖說如此，事實上應對大量資訊的方式非常簡單，只要「讓它流動過去」就好了。不用想得太難，總之就是讓你看到的資訊、聽到的資訊就那樣從腦中流動過去就好了。

過去有人會把覺得重要的新聞文章裁剪下來做成剪報，但現在變化迅速，吸收到的資訊也過於大量，因此這種處理方法完全來不及應對。大家是不是都有一種經驗：雖然沒有到剪報的程度，但在堆積了一些想要之後整理、閱讀的東西後，往往會就那樣丟在那裡，整理也整理不完。

因此，不需要勉強自己堆積整理，只要讓資訊保持流動就好了。為什麼呢？這是因為重要的資訊會自然而然地留在腦海中。

換句話說，我們必須想辦法養成習慣的地方並不是應對資訊或收集資訊的方法，而是「如何讓資訊留在腦海中」。這是讓我們能夠實現兩件看起來相互矛盾的事——「在應對大量資訊的同時深思熟慮」的關鍵。

我在本書中以「在大腦張開網子」來表現這個方法。只要能好好張開網子，當大量的資訊湧入時，好的資訊就會卡在網子上留下來。然後，留下來的東西又會成為網子的一部分，進一步發揮作用讓好的資訊留在腦中。

因此，接下來我在本書要說明的就是，養成什麼習慣才能夠在腦海中好好張開網子。這絕對不是件很困難的事，重點在於透過反覆練習，讓確實張開網子成為一種習慣。

正因為這個時代能夠取得大量的資訊，自我思考的重要性日益提高。這是因為，我們必須擁有自己的想法、訊息，才能夠發揮優勢，不應只是把其他人也能取得的資訊照本宣科。

因此，需要特別注意的是，雖說要思考，但重要的並不是拼命思考大家認為好的「正解」。許多人在面對問題時，很容易就去尋求周遭的人所認同的「正解」。他們常常想著：「周遭的人是怎麼想的呢？」、「有權威的人是怎麼說的呢？」然而，在大多數情況下，世上並不存在所謂的「正解」。

我希望大家都能深入思考，尋找屬於自己的「解決方法」，而不是「正解」。如此一來，才會出現與眾不同的自身見解。

我目前在東京大學任教，但我的學經歷與一般人非常不同。不僅沒有參加大學入學測驗，也完全沒有讀高中。由於父親海外調職的緣故，我在日本讀完中學之後，就到了巴西。

巴西當地的學校是以葡萄牙語進行教學，因此我沒有去上學，而是過著自學的日子，自己讀著帶去巴西的日本參考書、題本等。之後，我在日本接受大學入學資格檢定測驗，但再次因為父親海外調職的關係前往新加坡。

在新加坡時，我就讀慶應義塾大學的通信教育課程，但基本上還是以自學為主。一開始我以成為註冊會計師為目標，以自學的方式準備會計師考試，但之後覺得經濟學比較有趣，所以最後選擇進入東京大學研究所。

關於這部分的經過與辛勞，我在前一本書〈東大教授が教える独学勉強法〉中有詳細介紹。總之，在這個過程中我還是不得不「自己思考」。因此，在失敗中反覆摸索的同時，我掌握了屬於自己的思考方式。

那時跟現在最大的差別在於資訊量。當初沒有網路，也難以入手日本的書和雜誌，因此能取得的資訊相當有限。父親從公司帶回來的日本報紙是相當貴重的資訊來源，我總是不漏掉任何角落地閱讀；參考書則只能使用手邊為數不多的東西。

相對之下，現在就算什麼都不做，大量的資訊還是會透過網路、社群媒體、研討會等管道不斷湧入，資訊量與過去有著壓倒性的差別。因此，如何在自己的腦中處理湧入的大量資訊，成為了一個新課題。

不過，回過頭來看，基礎的部分其實完全不需要做任何改變，因為「自己深入思考」這個動作不管怎樣都是必要的。即便大量的資訊會聚集過來，也不是不用思考，答案就會從天而降。

需要改變的還是，如何處理大量資訊的部分。我透過在失敗中反覆摸索而實現的方法就是寫在本書中的思考方式，它能讓你在面對大量資訊時不會隨波逐流，而是自己動腦思考。

當然，我的做法也不一定是「正解」，但如果大家能透過這本書逐步掌握思考的方式和條理，我會很高興。

本書的製作和前一本書一樣，受到了草思社吉田充子小姐莫大的幫助。沒有吉田小姐的熱忱和盡心盡力，我可能連計畫都做不出來，更不用說是完成這本書了。吉田充子小姐對本書付出的貢獻，說她是共同作者也不為過，我由衷地感謝她。

柳川範之

二〇一七年十二月

本文插圖＝淺妻健司

# 日本名校教授思考法◉目錄

## 第1章　在資訊氾濫的時代中改變的「思考方式」

## 第2章 在腦中張開「網子」收集品質良好的資訊

## 第3章　把用來知性思考的「烹飪道具」準備齊全

## 第4章 讓湧入的資訊就那樣流出去

## 第5章 留在腦中的資訊會成熟，最終轉變為知性

# 第1章

# 在資訊氾濫的時代中改變的「思考方式」

## 在資訊氾濫的時代，會需要新的思考方式

隨著網路爆炸性普及，我們身處的是一個資訊如洪水般氾濫的時代。現在任何人都可以輕鬆取得大量的資訊。

曾經，如果有不懂的事，就必須到圖書館翻書查閱，再把資料整理成自己的想法。但是，現在只要連上網路，瞬間就能取得各種資訊。

這種網路的爆炸性普及，為我們的「思考方式」帶來巨大的變化。

第一個巨大的變化是，單純的知識只要上網查詢就能馬上知道，因此不需要特地動腦把它記下來，導致默背的價值相對下降了。這可以說是一個正面的影響。

另一個巨大的變化是，隨著網路普及所帶來的負面影響——由於資訊變得過於容易就可以取得，使人們難以養成自己思考、設法解決問題的習慣。龐大的資訊量讓我們幾乎無需動腦，只要將得到的資訊如出一轍地複誦，就能表現出一個相對完整的樣貌。大學生在寫報告時，只要複製貼上各種資訊，內容好壞暫且不論，至少就能夠完成一個形式。「與其思考，不如Google比較快」的想法，在現在的年輕人身上特別普遍。

也許這樣確實會變得比較輕鬆，但在這過程中，「思考」的步驟被完全省略了。多數時候，人們沒有經過自己的大腦思考，只是把流通的資訊隨意地左拼右湊，就把那些內容包裝得像是自己的意見一樣。

不過，在這個人工智慧（ＡＩ）迅速發展、變化劇烈的時代，這樣真的沒問題嗎？

讓我們來想想看一個簡單好懂的例子吧！假設你打算帶一位重要的人去一間很棒的餐廳，而決定店家的方法大致可以分成兩種。

一種方法是，於網路上的排名網站查詢，收集大量資訊，從中選擇大家普遍覺得不錯的店家。簡單來說，就是挑選評價高的店家，帶對方過去。

另一種方法是，一邊考慮對方的喜好、需求，一邊回想過去曾被稱讚過的料理，自己設法挑選店家。如果只依靠網路資訊還是不太放心，甚至會自己到店家親眼確認。

如同前者，打算利用網路找出口碑良好的店家的人，潛在心理中多半會有「大家覺得好的東西就是正解」的想法，看起來就像是在下意識地尋找「正解」。

當然，從網路獲取各種資訊確實很重要，但如果只依靠這些資訊來決定事情，會讓你把大腦用在尋找大家覺得好的東西上面。

相對來說，後者是考慮各式各樣的條件，並自己想辦法選擇店家。在設法尋找的點上，思考方式就與前者截然不同。如果要問哪一邊比較有在動腦思考，毫無疑問地一定是後者。

即使如此，也許在大城市中選擇餐廳時，不管用哪一種方法，結果都不會差太多。說不定透過網路選擇，反而能讓對方高興地覺得是「口碑良好的店家」。

真正的差異，會在某些預料之外的情況下顯現出來。例如，兩個人到發展中國家旅行時網路突然斷線，這時候會怎麼樣呢？在得不到任何資訊的情況下，理所當然地沒辦法查詢大眾的評價。

當面對這種預料之外的狀況時，哪一邊才能找到讓對方滿意的餐廳呢？我想，應該會是平時就動腦思考、調查對方的喜好，並依照自己的方式尋找店家的後者。

雖然這是一個比較極端的例子，但平時有在動腦思考的人與缺乏動腦習慣的人，在關鍵時刻的行動上，會出現明顯的差別。

事實上，現在可以說是最需要動腦的時代了。為什麼呢？這是因為整體社會正在經歷劇烈的變化，類似「突然必須在發展中國家選擇餐廳」的狀況，到處都在上演。

從歷史的角度來看，現在也是一個各種事物都在迎向變化的時期。因此，單靠延續過去的做法未必能就那樣成功，這種狀況在各種領域都在發生。或許在過去的時代，只要不加思索地搭上進入月台的電車，就能順利抵達目的地；但在現在這個時代，電車可能在不知不覺中改變行駛方向，甚至目的地的車站可能會突然消失。因此，能否確實抵達目的地，取決於個人的思考與判斷。

正因為我們已經進入了這個變化劇烈的時代，能否動腦深入思考，變得格外重要。

## 為什麼「思考」的價值越來越高呢？

過去也曾出現過像是明治維新、戰後初期等社會和價值觀劇烈變動的時代。整個世界的面貌為之一變，過去延續下來的想法不再適用。能夠在那樣的時代成功的人，正是那些轉變思考方式、並從中找到新機會的人。

現在就非常類似那樣的時代。

說起來，現在的情況，比起明治維新後，或許更接近江戶末期的狀態。當然，我並不是說接下來會發生革命，但我認為過去的體系很可能會發生劇變。不過，真正的變化尚未發生，也沒有出現那麼大的混亂。或許我們可以將現在視為，在即將到來的變化之前，新舊事物互相碰撞的時期。

在不久前播放的ＮＨＫ晨間劇中，有一幕是主角的家族一起討論是否應該從換匯商轉型成銀行。這正是一個處於時代分水嶺上的煩惱的典型案例。有人認為，比起銀行那種不知道是在幹嘛的工作，應該繼續經營至今有著數百年傳統的換匯商；也有人主張，隨著時代的變遷，換匯商必須轉型成銀行。由於過去的經驗無法直接套用，家族必須做出不同於以往的判斷，在這層意義上，他們面臨了極為艱難的抉擇。

如果放到現代社會來看，就像有人認為一直待在終身雇用制的大企業比較安穩，所以不需改變、不去胡思亂想，沿用與過去相同的方法才是通往成功的捷徑；但也有人認為，現在已經不是那樣的時代了。這正是兩種價值觀的正面碰撞。

促使思考方式必須變革的一大原因，就是人工智慧的迅速發展。正如近年來大眾媒體頻繁報導的那樣，人工智慧的進步速度超乎想像。Google的人工智慧打敗了世界第一的圍棋選手，這個事實讓大家意識到危機感，擔心人工智慧不僅能取代簡單的工作，連需要高度智慧的工作也能進行。我個人認為，人類的工作不會像外界廣泛討論的那樣輕易地被取代，但人工智慧勢必會在世界上掀起一陣波瀾。包括大企業中的體制、官僚制度在內，整個社會很有可能會如同明治維新時期一樣徹底的改變。

有人認為，姑且不論好壞，現在正在發生的革新已足以在人類歷史上與工業革命相提並論。不論程度如何，這場技術革新都很可能會對社會和經濟帶來巨大的影響。

因此，如何因應時代的變化、如何培養能夠應對變化的能力，就成為一個重要的課題。這個時候，最關鍵的正是「深入思考」。

當然，不論是在哪個時代，「思考」都是一件重要的事。而且，無論在過去或現在，「思考」的方法在本質上也沒有改變。但是，正因為我們處於像現在這樣的變革期，自己動腦思考的重要性變得比過去更加明顯。

## 多變的時代所需要的思考方式

那麼今後的時代會需要什麼樣的思考方式呢？

不少人會想像，「盡可能收集大量的資訊並正確地預測未來」才是在變化劇烈的時代會需要的思考方式。但是，即使收集了再多的資訊，若世界以意想不到的形式變動，那些資訊很可能就會完全失去作用。也就是說，我們可以說多變的時代會是未來充滿不確定性的時代。

在這樣的時代會需要的並不只有拼命收集資訊，還要構築屬於自己的觀點、屬於自己的思維，並以此來處理資訊。

我認為在今後的時代，必須要思考與他人不同的事情、做與他人不同的事，才能創造出真正的價值。隨著收集資訊變得越來越容易，更加凸顯了「思考」的重要性。「如何在將與大家相同的資訊作為素材的同時，從創新、獨特的觀點思考出有趣的內容？」——像這樣的思考能力未來只會變得更加重要。

相對來說，「思考與他人相同的事情、提出與他人相同的正解」的思考方式，在今後的時代將會變得不再那麼重要。

然而，我感覺仍有大部分的日本人對「與他人不同」這件事抱持著強烈的抗拒感。因為當我在演講、座談會提到這件事時，總是會有人反駁地說：「與他人不同，不會造成困擾嗎？」、「提出與他人不同的答案，錯的話怎麼辦？」

事實上，唯有尋求與他人不同，才能為我們的未來帶來事業與人生的機會。雖然根據工作的內容或許多少有些差異，但只要我們做著與他人相同的事，就無法創造附加價值。這是因為無論是誰都可以輕易地取得相同的資訊，導致擁有相同技術水準的競爭對手只會不斷增加。企業也是如此，如果只能提供與其他公司相同的商品或服務，就只會讓企業被捲入激烈的削價競爭。

看看一些企業在過往的飛躍性成長和成功案例，大多都是因為企業能想出與眾不同的點子才能夠取得成功，更不用說是資訊氾濫的現代了。在這個時代，我們只有做他人做不到的事，才能凸顯我們的價值。

當然，不是說一定要製造出革命性的產品。在面臨削價競爭時，只要能想出與其他公司不同的點子以節省成本，也能在市場競爭中脫穎而出。

由此看來，只要稍微轉換一下想法和視角，眼前的世界就可能大不相同，可以說我們現在正處於一個非常有趣的時代。

## 至今仍被「正確的標準」束縛的日本人

這並不只是日本面臨的課題。放眼全球，未來可以說是一個充滿不確定性的時代。企業不知道該做些什麼才能打動消費者，也不再那麼容易找到明確的開發目標，世界正朝著這樣的方向轉變。

因此，從全球的角度來看，提出與眾不同的點子、擁有獨特觀點的重要性，正在日益提升。

然而，儘管這個世界需要的能力已經有所改變了，但對於與他人不同的抗拒感至今仍在日本人心中根深蒂固。即使許多人都認為應該勇於提出與他人不同的意見，但實際上往往難以付諸行動。

其中一個原因就在於，日本至今仍未完全跳脫發展中國家的思維模式。對發展中國家來說，最重要的就是模仿先進國家展示的範本。以過去的日本來說，社會上有福特汽車、奇異家電等範本，而最重要的是按照範本絲毫不差地製造。

也就是說，人們過往只需要遵循範本——即「正確的標準」。因此，沒有空閒時間去思考一些多餘的事情，如：「做不同的事會怎麼樣？」、「把這部分調換一下會怎麼樣？」這樣想東想西會讓人走向叉路，導致趕不上進度，最好的辦法就是朝向範本直線前進。

在某種意義上，日本自明治時代以來，不管是在教育體制還是企業體制上，都不會思考多餘的事情，只朝著目標全速前進。

過去以趕上、超越先進國家為目標的日本，這樣做確實沒有任何問題。然而，日本在不知不覺間成為了先進國家，在任何地方都已經找不到範本了。如今的日本，做法是否正確無誤已不再是重點，無論如何都必須持續想出新的點子，否則無法前進。

儘管如此，存在於日本社會中的判斷基準和一百年前相比起來，根本上並沒有改變。社會中仍然存在著堅定不移的「正確的標準」，大家以此為目標做著相同的事已經成了常態。因此，人們往往會不自覺地降低「以自己的方式思考」的意識。

## 尋找「正解」並不會讓你思考

為什麼許多人總是從大量的資訊當中尋找普遍受到好評的東西呢？其實也是因為多數人都抱持著這種想法，才會讓我們無形中覺得「大家說好的東西就是正解」，比起自己怎麼想，變得更重視其他人的想法。在未來的社會，這一點會成為一個大問題。人們已經徹底習慣具有正解的問題，甚至連選擇餐廳都想要尋找正解。

然而，其實世界上幾乎所有問題都不存在所謂的正解。試圖尋找正解，反而會讓你失去思考能力。

根本上來說，我們思考的目的並不是為了尋找「正解」，而是為了順利解決某種問題；那有可能是生活上的問題，也有可能是工作上的煩惱。

像是思考要送另一半什麼禮物才能讓對方高興、思考該怎麼做才能成功創業，然後，我們會需要做出各種判斷和決定，讓事情能夠順利發展。

這兩件事的共通點在於，都是藉由思考來尋求更好的解決方法。如果能夠好好地思考，自己將能夠有自信地做出選擇和決定，最終，事情也會自然而然地順利進行。

思考正是為了尋求這種廣泛意義上的「解」，而不是「正解」。

原本「思考」應該是透過學校的學習來養成的；學習的目的也是針對某種當前的問題，設想出解決方法、改善方法。但是，或許是為了準備升學考試，比起

「思考」，學生被迫花費更多時間在「背誦」上面。雖然現在似乎有稍微改善了，但很遺憾的是目前學生還是難以在學校培養「思考能力」。

如果在沒有養成「思考能力」的狀態下就進入社會，只會讓人束手無策地被資訊洪流沖著走。

## 思考就是「烹飪」資訊

那麼，「思考」具體來說是一種什麼樣的行為呢？本書的其中一個主要目的就是，讓「思考」這個動作能夠視覺化，並藉此讓更多人能更容易地進行思考。

我認為「思考」這個動作就是在「烹飪資訊」。在今後會需要的「思考」流程就是──適當地「烹飪」大量的資訊，並如同「製作出一道好料理」一般在多變的時代提出有意義的解決方法。

如果是像剛採收的蔬菜一樣非常新鮮美味的食材，把它就那樣當成一道料理端出去或許也能得到讚賞。但是，在大多數的情況下，我們需要讓各種食材靜置一段時間、加熱、與其他食材搭配、添加調味料等，才能製作出一道吃了會讓人高興的料理。

事實上，思考這個流程也與此非常相似。除非是非常新鮮、優秀的資訊，只是如出一轍地使用資訊，並不會為我們帶來好的解決方法。我們必須讓資訊在自己的腦中靜置一段時間、從各種角度考慮、與其他資訊搭配、判斷其價值，才能引導出有意義的解決方法。這些動作就是在適當地烹飪資訊，也就是思考。

人們在今後的時代會被要求，當進入新環境、面臨困難的判斷時，能夠以適當的形式「烹飪」湧入的各式各樣的資訊，並如同端出「好料理」般提出好的解決方法。因此，學會深入思考、做出好料理會變得越來越重要。

## 「知道」與「理解」之間的差異

這裡還有另一個重點——「思考」會等同於抱持疑問。更進一步地說，思考就是抱持著疑問並尋找答案。正因為內心有著「為什麼」的問題意識，才會衍生出思考的契機。

令人遺憾的是，日本人往往缺乏抱持疑問的意識。當我在課程、演講結束時，詢問「有沒有問題」，通常不太會有人舉手；即使是點人回答，也多半是得到「沒有」的答案。然而，實際上必須要有問題意識才代表理解。也就是說，如果沒有經過「為什麼」的思考流程來進行加工，終究不會是真正的理解。

同樣地，讀完書的人、參加研討會的人也經常表示：「我都知道了，所以沒有問題。」但是，事實上如果沒有提問或質疑，對理解毫無幫助。真正的理解就是這麼一回事。

許多人在做的動作只是將接收到的資訊原封不動地放入大腦中的倉庫。這與其說是理解，不如說是單純地讓資訊進到腦中而已，這也就只是所謂的「知道」，不會為人帶來「理解」。大家在這點上往往有很深的誤會。

在「知道」和「理解」之間存在著巨大的鴻溝。理解的意思是，讓那個資訊或知識完全成為自己的東西，並能夠在遇到突發狀況時隨機應變地拿出來使用，也就是掌握了它的結構和本質。如同我在後面的章節會詳細說明的一樣，只有把結構以簡單的形式來加以理解，才能因應環境的變化，一點一點地把資訊或知識轉化成能夠傳遞的訊息。

舉例來說，假設我們在親子教室學到了一個方法來管教哭不停的小孩。雖然這個資訊進到了我們的腦中，但我們可以說自己完全理解了管教哭不停的小孩的方法了嗎？我想應該不行。

這是因為小孩的哭法和狀況五花八門，如果僅限於在親子教室看到的例子，或許還可以說是理解了，但只要狀況一改變可能就不再適用。即使狀況發生某種程度的改變時，也能夠把小孩管教得不錯，才真的說得上是理解了。事實上這才是真正地把知識轉變成智慧。

那麼，該怎麼做才能把「知識」轉變成「智慧」呢？這裡需要的就是「提問」，即「問題意識」。「那時候小孩停止哭泣了，那當狀況變成這樣時，又該怎麼做呢？」——像這樣隨時從各種各樣的角度對自己提問，就能夠逐漸掌握管教小孩的本質。然後，這時候才可以說我們超越了「知道」，真正地「理解」它了。

## 聰明有兩種

一般來說，人們所說的聰明人多半是指那些腦筋轉得快的人；聰明也多是用來稱讚具備即時反應能力、能快速做出判斷的人。的確，根據工作的不同，這種能力也會有重要的時候；但隨著年齡增長，無論是生活還是工作，比起即時反應能力更常需要的會是能夠深入思考、並做出判斷的能力。

在很多時候，人們會往往會搞混這兩點，誤以為只要腦筋轉得很快就能夠深入思考。

不過，我覺得這兩種能力有相當大的差異。有許多人雖然不具備即時反應能力，但能夠思考得相當深入。

在東大的學生當中，有理解能力相當好、毫不反駁地接受各種內容的類型；也有雖然需要花費時間，但會在思考後創造出新內容的類型。在這之中，我覺得比較厲害的還是那些能夠自己思考的學生，而且他們多會表現得越來越好。

然而，真要說的話，現實情況下持續增加的仍是以粗淺又快速的方式來理解、判斷事物的人，不論是學生還是社會人士都是如此。同樣地，在經營者、政治家等上面也能看見這個趨勢。

雖然我並沒有確實地比較過，但我覺得相對來說，過去比較多人會靜下心來深入思考、判斷事物，甚至社會上還有著敬佩這些人的風氣。

相較之下，能快速知道、理解各種事情的人在現代比較能夠獲得大眾的好評。

為什麼會這樣呢？這或許是因為在現在的時代背景下，許多人每天光是追逐資訊就忙得不可開交，世界的變化也過於快速，導致沒有時間深入思考，而只能依照反射神經來行動。然而，現在又是各種事物都在迎向變化的時期，在這個時代，是否深入思考後再行動會讓人們產生巨大差異。

因此，我們可以說世界正朝著看起來很矛盾的兩個方向前進——在我們忙於處理眼前生活的資訊洪流的同時，真正需要的卻是深思熟慮。這甚至已經成為左右未來的重要關鍵。

**比起迎合周遭的評價，自己想出來的結果更有意義**

現代人的一大問題點是，比起撥出時間自己思考，更在意「其他人的想法與評價」，並從這樣的視角拼命地收集資訊。

現代人在面臨換工作、結婚等人生的煩惱與迷惘時，也只會在網路上搜尋煩惱諮詢，並在看到跳出來的前兩、三個網站上寫著的建議後，就好像明白了什麼一樣。近年來，越來越多人以這樣的方式在處理資訊。

也就是說，許多人就連遇到人生的煩惱與迷惘時，也是從網路上準備好的候補答案中選擇感覺是「正解」的東西。相信讀到這裡的大家也都清楚地明白，這不會是一個好的解決方法。因為這世上並不存在著人人皆適用的正解，人生的問題更是如此。只有經由在自己腦中思考的過程，才能引導出屬於自己的好方法，並幫助我們做出更好的選擇。

歸根究底，或許「思考」就只是這麼一回事。也就是說，比起迎合整體社會的評價，自己思考才有意義。

然而，在現在的日本，許多人還是很容易在意他人的評價。「如果說出這個點子，別人會怎麼想？」——許多人會像這樣非常擔心被他人嘲笑。

不過，我認為鼓勵原創性才是社會本來應有的樣貌。社會需要鼓勵大家提出與他人不同的點子、說出不同的話，即使是微不足道的小事也沒關係。如此一來，所有人都會開始拼命地思考如何與眾不同，並自己動腦想出有趣的點子。

當然，我知道要大家現在立刻無視他人的意見，一個接一個地說出自己的想法，是相當困難的事。但是，未來會逐漸成為這種時代。或許在某個瞬間，需要用到這種能力的舞台就會突然降臨。因此，趁現在確實掌握動腦思考的能力，當未來正式拉開動盪時代的序幕之後，一定能為你帶來幫助。

## 希望大家能透過本書掌握的能力

人生中會有許多叉路。

為了讓人生變得更加多采多姿，在每段叉路上我們都必須面對許多人生課題、目標，像是「如何解決問題」、「如何讓人生順利」、「如何過更好的生活」等。而在應對這些問題的過程中，「思考」就成了一件很重要的事。

說到需要具備與人不同的想法或點子，或許會讓人產生「工作上」的印象，但「思考」並不是那麼狹義地單指工作上的事，本書也不會聚焦在這上面。

為什麼呢？這是因為不管大家是煩惱於工作、煩惱於升學，還是煩惱於人際關係，思考方式的基礎都是相同的。我希望大家掌握的就是這個基礎。

未來資訊的出現方式會持續改變，但資訊量只會比現在多，不會減少。即使自己非常被動，資訊還是會不斷向我們湧入。該如何好好運用這些資訊，讓它們幫助我們創造出自己獨有的點子呢？

當然，這也沒有「正解」。我想在本書中介紹的是，我平常就有意識地在進行的思考方式。這種思考方式，也能夠普遍運用在所謂的人生本質上面。

【專欄❶】

## 做出決定能讓你在腦中建立判斷基準

容我直言，思考能力與腦袋好壞沒有任何關係，只不過是習慣的問題。

這個習慣本來會是在幼稚園、小學低年級的階段，我們懂事後就會養成的東西。實際上，年幼的孩子經常會問：「這是什麼原因？」、「為什麼？」、「為什麼會變成這樣？」如果能把這些問題意識就那樣一直培養下去，長大之後也會成為經常思考的人。

當然，等到成為大人之後也能夠養成這種習慣。只是在這種情況下，會因為從小以來就習慣乖乖聽話，導致我們必須有意識地培養習慣。

培養習慣的第一步可以從這裡開始：由自己主動選擇午餐的菜色，而不是交給別人決定。也就是說，如果以往都是什麼都不想地選擇與同伴相同的東西，或是選擇美食雜誌推薦的菜色，在未來試著以自己的腦袋來決定吧！

雖然並不會因為自己決定菜色就立刻讓人生有所改變，但重要的是從日常事物當中培養自己思考的習慣。

不過，或許有人會對此有所疑問：「那要用什麼樣的判斷基準來做選擇呢？」

確實判斷的基準是必要的，但並不是有判斷基準才能夠做出決定，而是做出決定才能建立判斷基準。在失敗中反覆摸索的過程中會逐漸累積成果，這會幫助我們建立出一套自己獨有的判斷基準。

舉例來說，假設你一直以來都是交給姐姐幫忙決定飯後甜點。如此一來，如果突然要你自己決定，也不知道該怎麼辦吧？因為過往都是交給別人選擇，導致沒有一個基準讓你知道該選擇什麼才好。雖說如此，也不能透過美食雜誌來做選擇，因為這不會讓你自己動腦思考。

那麼該怎麼做才好呢？總之，先試著做個決定吧！透過不斷地決定，才能一點一滴地建立起自己的基準。不是「沒有建立判斷基準就不能決定」，而是藉由持續做出決定來建立判斷基準。

其實這與電影和書籍是同樣的道理。不會有人一開始就知道哪部電影好看、哪本書有趣。大家都是在不斷看電影、看書的過程中，逐漸擁有自己內心的基準，開始知道自己喜歡什麼類型、討厭什麼類型。無論如何，最重要的就是實際去「做」。透過這個過程將會讓我們逐步培養出自己思考的能力。

# 第2章

# 在腦中張開「網子」收集品質良好的資訊

## 有在思考的人與沒在思考的人，篩選資訊的方式會不同

為了思考，我們必須先有素材，而能幫助我們思考的素材就是資訊。雖然統稱為資訊，但現在有著各式各樣的種類，從電視、報紙等大眾媒體的新聞到網路新聞、部落格、社群媒體資訊等。當然，書籍也屬於資訊的一種。

如何從每天湧入的大量資訊當中收集對自己有益的東西呢？這件事在現在已經成為了一大課題。

過去的資訊量相當有限，因此必須一點也不剩地撿起接收到的資訊。人們經常會剪下感興趣的報紙文章，並把它貼在剪報上，或是掃描雜誌的頁面以保存到硬碟。過去，盡可能地持有大量的資訊是一件有價值的事。

然而，在資訊過於氾濫的現代，如果要徹頭徹尾地保存資訊，無論有多少時間和精力恐怕都不夠用。對我來說，現在看到、聽到的資訊相較於以前變得非常多，這讓我已經不能夠再用像以前一樣的資訊收集法來應對了。

那麼，我們該如何應對每天都像是洪水般襲來的資訊呢？

在現代的資訊處理當中最重要的一點是，如何從大量的資訊中好好收集自己需要的資訊的同時，捨棄不需要的資訊。

也就是說，我們必須能夠確實取捨資訊。雖說是取捨，但並不是事先就限制、篩選進入腦中的資訊，而是從在沒有任何限制下進到腦中的資訊當中進行取捨。

平常就習慣動腦思考的人和沒有此習慣的人之間，這種取捨資訊的方法會產生巨大的差異。

事實上，即使是在接觸相同資訊時，有人能夠讓資訊留在腦裡，但也有人完全沒辦法。平時就會對那個資訊進行相關思考的人，能夠從大量的資訊當中，挑選出那個（有時會是令人感到意外的）資訊。如果能在許多人都毫不關心的資訊中發現價值，它就會成為充滿原創性的思考素材。

另一方面，如果是不怎麼思考的人，資訊只會左耳進右耳出，完全不會留在腦中。

或許有人會覺得那些平常就在動腦思考的人會一個一個地精挑細選資訊的內容，但從現實面來看，在面對大量的資訊時，我們很難徹頭徹尾地讀過所有內容再做出判斷。因此，倒不如把它想成「在接觸資訊時憑著某種類似直覺般的東西挑選出需要的資訊」，會比較自然一點。

那麼，經常思考的人是透過什麼樣的機制在接觸資訊的呢？

## 事先在腦中張開網子等待資訊

其實重點非常的簡單，那就是以自己感興趣的領域為基礎來接觸資訊。只要這樣做就能把對我們來說重要的資訊都留在頭腦裡了。而且，當感興趣的領域成為具體的問題意識時，資訊會成為更加鮮明的記憶。

關於這一點，我們只要具體地想像「需要的資訊確實留在腦中的樣子」，就會比較好理解。

在我們的腦中，會有著以某個關注點或問題意識為基礎製造而成的模糊的網子。當資訊流過這個網子時，雖然大部分都會穿過去，但有一小部分的資訊會卡在網子上並留下來。

在那些卡住的資訊當中，有的會隨著時間的經過零零落落地剝落，有的則會與之後湧入的資訊結合，一點一滴地成長，而這就會成為我們的「思考基盤」。

相對來說，原本就不怎麼關注事物、問題意識薄弱的人，多半都不會像這樣張開網子進行思考，導致真正有用的資訊也不會留在這些人的腦中。

舉例來說，假設在某個電影評論網站上刊登了200則評論。特別是像這樣出現大量繁雜的資訊時，有思考習慣的人與沒在思考的人會在使用方法上出現差異。

## 讓我們在腦中張開「問題意識」的網子吧

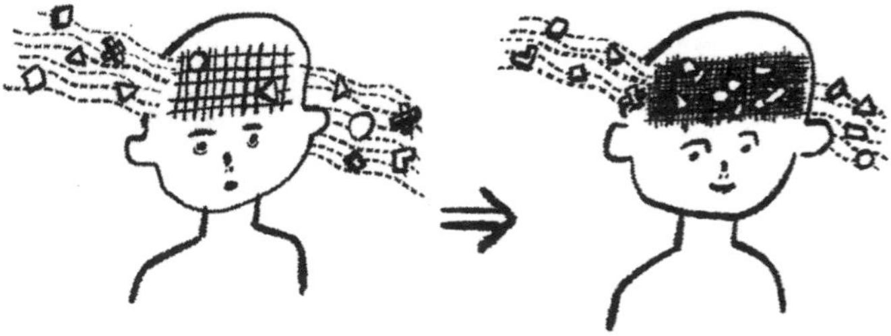

對喜歡、感興趣的事物張開大大的網子。

蒐集到的資訊越多，最終會成為「思考的基礎」。

有思考習慣的人能夠從寫在評論中的內容判斷是否讀下去。這是因為這些人在讀評論時會帶著自己的視角。

如果能夠從自己的視角——也就是畫面是否漂亮、導演如何表現意圖、演員的演技等自己關注的地方、問題意識或好奇心挑選評論，真正重要的資訊就會從看起來繁雜的200則評論中浮現出來。

只要具備這種資訊處理的觀念，就能在面對大量的資訊時以屬於自己的方式抓住重點。

然而，不感興趣、好奇心的人就沒辦法站在這種視角上挑選出評論內的資訊。如此一來，由於自己內心沒有選擇的基準，只能借用他人的選擇基準。這將會導致這些人只根據評論的星數來判斷好壞，並只依照排行榜的順位來行動。

當然，參考他人的排行榜也是一種活用資訊的重要方式，但對比那些特別從各種角度來活用網站上的評論的人，資訊的活用方法會有著很明顯的巨大差異。

或許這些人在至今為止的工作或人生中，不太需要以好奇心與問題意識為基礎拓展想法，因此才沒有在腦中張開網子，可能只要認真地做好被決定好的工作就不會有問題了。但是，如果是這樣的話，或許需要有所警覺了。因為，未來最有可能被ＡＩ取代的正是那些幾乎不用動腦的重複性工作。

## 張開好的網子，就能留住好的資訊

日文版《哈佛商業評論》（DIAMOND ハーバード・ビジネス・レビュー）前總編輯岩佐文夫先生曾經在臉書上寫過一段非常有趣的話——重要的並不是如何思考，而是在那之前吸收的資訊的品質是否良好。我認為這個意見非常正確。不管思考多久，如果原本吸收的資訊品質就不好，那也不會有好的輸出。

那麼，怎麼做才能夠吸收品質良好的資訊呢？

其實就是在腦中張開好的網子，只要張開好的網子，就能留住好的資訊。而大部分就取決於如何張開這張網子。

在某種意義上，岩佐先生的文章會留在我的腦中也可以說是我張開網子的結果。事實上，「只要在腦中張開模糊的網子，相關資訊就會卡在腦中的網子上」的構想，也是從岩佐先生的文章獲得靈感的。

雖然岩佐先生的文章並沒有直接寫到我想瞭解的答案，但當所有資訊在我腦中流通的過程中，我的一股直覺會讓一些資訊留在腦中。

留住的資訊會與網子結合，點子也會由此而生。於此同時，另一個不同的網子也會稍微擴展。

可以試著想想養殖在海中的藻類的成長過程，來想像一下這時候網子的模樣。在張開一張網眼較寬大的網子後，藻類會經由海水的流動一點一點地附著在上面，然後逐漸覆蓋整個網眼，最終形成一個平面。

如同我會在後面的章節詳細說明的一樣，像這樣累積起來的資訊會逐漸成為我們的「思考骨架」。

在現今這個資訊量過於繁多的時代，我們既沒辦法捕捉所有的資訊，也沒辦法忽略所有的資訊。在這種情況下，只有事先在腦中張開網子並讓資訊從中流過才是最好的辦法。

接著，藉此取捨留在腦中的資訊。我們是否能在取捨資訊的過程中製造出好的組合，將會影響我們發現創新的點子和想法，也會成為決定我們未來發展的要素。

由於過往不會有那麼多的資訊湧入，因此資訊的取捨並沒有太受到關注；如何有效活用少量的資訊反而才是過往被重視的地方。

在更早以前的文明開化時代，人們重視的則是盡可能吸收為數不多的資訊。某個人帶回來的西洋書籍在由某個人負責翻譯之後，會出現以翻譯書為基礎的解說書，然後大家再一起消化它。在當時，這個流程比什麼都還要重要。雖然在某種意義上，這件事在現在還是有它重要的地方，但遺憾的是或許這樣做已經越來越跟不上時代在變化的速度了。

## 透過附著在上面的東西讓網子逐漸變粗

根本上我們必須要先具備問題意識，才能在腦中張開網子。

在接觸大量資訊之後，這些內容是否能留在我們的腦中，最終還是取決於我們是否具備問題意識和疑問。不過，那也不必是什麼了不起的問題意識；即便只是自己關注的事物、感興趣的內容也無妨。

當然，一開始我們無法確定關注的事物是否能成為一張牢固的網子；它們或許也只是模模糊糊的一團。但是，當「該怎麼做才好呢」、「這樣做的話或許會很有趣」這類好奇心或問題意識萌芽時，相關的資訊便會開始一點一滴地留在腦中。

所謂的問題意識，可以說就像是用來勾住資訊的尖刺。我們無需刻意收集資訊，只要放出尖刺，發呆等待就好了。在這種狀態下，讓有意識或無意識間湧入的資訊，在腦中自然流過。

也就是說，只要無意識地接觸大量資訊，並收集那些留下印象、集結成塊的資訊就好了。

這時候，比起與問題意識直接相關的資訊，或許那些與問題意識無關的資訊更有價值。我們可以如此想像：試著接觸各種資訊，讓它們流過腦中，如果有什麼激起靈感的片段，就把它留下來。

如果後來發現腦中留下的東西對解決問題意識毫無幫助，把它忘掉也完全沒關係。不需要太過拘泥於記住什麼，更不必強迫自己非得讓資訊留在腦中不可，只要任其流過就好。

我們不需要整天都在思考，重要的是保持這種心情：「能找到有趣的點子就好了」、「有些東西能留下來就很高興了。」

只要像這樣讓資訊大量地流過腦中，印象深刻的內容就會自然而然地慢慢增加，資訊也會逐漸附著於腦中。每當資訊附著在腦中，網子上的海藻就會隨之擴張。

有一點很重要，那就是在這樣的情況下，創新、革新的點子往往是由看似與原本的問題意識完全無關的事物交織而成的。可以把它想像成，藉由混合兩種物質引發化學反應，從而產生出其他物質。

在這種時候，有可能兩樣東西就那樣結合而形成便捷的產品或服務，也有可能從兩個看似毫無關聯的東西誕生出革新的點子。

史蒂夫・賈柏斯首次採用滑鼠作為電腦輸入裝置的故事，正是屬於後者情況的絕佳例子。原本被稱之為滑鼠的東西與現在的樣子完全不同，賈伯斯也沒有刻意尋找現在這種形狀的滑鼠，只是覺得需要一個不同於鍵盤的輸入裝置。他應該一直懷抱著這樣的問題意識。

然而，即使他想要尋找輸入裝置，但怎麼樣也找不到適合的東西。不過，他在某個偶然的契機下瞭解了滑鼠的技術，突然靈光一閃：「這或許能應用在我所想的形式上。」因此，這兩件事產生了化學反應，才做出了現在的滑鼠。

這種革新的發現、發明，從結果上來看會像是，在尋找某個重要的東西的過程中，終於發現了寶物；但事實上，世上並沒有太多帶著堅定的目標尋寶的案例。

在腦中建立一個屬於自己的尖刺之後，剩下的只需要讓資訊在腦中流過。

那些卡住但最終沒有用上的東西，有多少都沒關係。只要在腦中製造尖刺，持續讓資訊流過，便能逐漸掌握要領。

## 不用急躁，等待東西自然卡住

在張開網子讓資訊流過的想法上，我們不一定一開始就需要很明確且具體的問題意識。如果決定得太超過，反而會讓網子變得狹窄，導致原本應該卡在上面的有趣內容沒有留下，也很容易導致我們無法繼續深入思考。

舉例來說，假設法式料理的主廚正在思考新料理的點子。這時候不需要想得太詳細也沒關係，不用思考具體要做出什麼樣的料理、使用什麼樣的素材；「想研發出能讓大家高興的料理」、「想做出過往沒有的新料理」像這樣隱約地想像，能讓範圍廣泛的資訊更容易卡在腦中。

在最近的西式料理界很流行像是進行化學實驗一樣做料理。我想廚師應該不會是一開始就決定要像進行化學實驗一樣做料理。

或許是在想著有沒有什麼嶄新的料理時，偶然看到化學實驗才突發奇想：「試著像這樣做料理也許會很有趣。」先不管是否真的是如此，這樣做確實才容易產生新意。

「試著使用新的素材吧」如果像這樣一開始就張開過於具體的網子，反而只會出現微小的點子。

關鍵是不能一直焦急地想要尋找。即使還稱不上是問題意識也沒關係，只要一邊關注著某些事物，一邊讓大量的資訊流過腦中，自然就會有東西卡在上面了。

## 在自己的非專業領域也張開網子

這是商務人士的一個共同課題：每天都被工作追著跑，因此接觸到的資訊不管怎樣都很容易偏向工作相關的內容。這是因為，資訊過於繁多，導致人們從一開始就只打算篩選、取得與自己有關的資訊。

然而，這樣做會降低讓完全不同種類的新東西卡住的可能性。

因此，常見的做法是，藉由大膽地讓不同種類的資訊流過，為自己帶來新鮮的發現。舉例來說，試著瞭解歷史脈絡之後，常會讓我們發現能應用在工作、生活上的點子。雖然歷史上的武將所做出的判斷沒辦法直接帶來幫助，但我們在閱讀某些故事時可能會發現：「這不就很像我正煩惱該如何對待部門的下屬嗎？」

於是，在處理部屬關係的做法上，或許會從此得到意想不到的點子。

或者是你有這種經驗嗎？當煩惱著教育小孩的問題時，剛好接觸到足球教練與選手的故事，想到這或許和教育小孩有相似的地方，於是認為可以試著把這個方法應用在上面。運動、演藝圈的故事除了可能會對日常的煩惱帶來幫助以外，在某些時候也會對理解經濟現象產生意想不到的幫助。

從這些例子就可以明白，我們可以在其他領域獲得靈感，當它附著在網子上之後，腦中的網子會逐漸變粗，甚至變成不同的網子。

我為了讓新東西卡在自己的腦中，會刻意地與一些和經濟學無關的人見面。

在我的朋友當中，有運動員，也有餐廳的主廚。在這些人身上，我往往能夠碰到在研究室、學會中絕對聽不到的有趣想法和意見。

當然，那些想法和意見幾乎都沒辦法直接使用在我的研究上。這不只是我，一般來說，幾乎所有我們接收到的資訊都不會是能直接對自己的工作帶來幫助的東西。如果以這個基準來看，世界上幾乎所有資訊都沒有作用。不過，只要稍微改變一下想法、動一下腦筋來「加工」那個資訊，就很可能讓它連結到工作和人生上的問題意識。也就是說，只要在腦中多用一點巧思，其實有用的資訊相當多。

## 把若有似無的好奇心變成明確的問題意識

問題意識往往會始於一個若有似無的關注點或好奇心。當然，也有人從一開始就抱有明確的問題意識，但那只不過是少數。因此，我們需要先在自己身上培養好奇心。

其實，學生在寫論文時也是如此，真的很少人會說：「我覺得這個題目很有趣，所以一定要用這個題目來寫論文。」老實說，幾乎所有學生在一開始都是處於「連什麼東西有趣都不知道」的狀態。

不過，即便一開始是處於這種狀態，在逐步收集資訊並推進研究的過程中，也會逐漸變得能夠深入探討那些自己認為有趣的問題點。

也就是說，與其說是因為有好奇心才開始，不如說是在做的過程中湧現出好奇心。我們可以說，培養好奇心與拓寬網子是兩件同時並行的動作。

讓腦中的網子漸漸變粗也就是這麼一回事。因此，就算在一開始沒有什麼具體的關注點，我們只要先把比起其他東西有一點在意的地方當成一個假定的目標就好了。

讀書也是同樣的道理。雖然理想是一開始就覺得這本書很有趣才開始閱讀，但就算不是這樣也完全沒有關係。在碰觸各式各樣的資訊的過程中，只要把自己相對會在意的地方、讀了會開心的東西當成基準來篩選，就能在不知不覺中讓自己有興趣的事物變得又深又廣。

也就是說，即使一開始只是若有似無的好奇心，只要讓湧入的資訊在網子上像海藻一樣成長，也會漸漸地轉變成一個明確的問題意識。

## 負面情緒也能轉變成問題意識

另一個培養問題意識的方法是，將厭惡、嫉妒、絕望等負面情緒轉換成問題意識。大多數人都會對某些現況感到不滿，這時候可以不要單純以抱怨或其他方法來發洩不滿的情緒，而是試著讓自己冷靜，換個角度想想要改變什麼地方、問題在哪裡。

先不管最後能不能解決問題，如果能把負面情緒轉換成問題意識，就可以說是踏出了重要的一步。

或許有人會覺得比起懷有好奇心，這件事自己比較能做得到。這種案例常常會在文學或電影中見到。像芥川龍之介、太宰治一樣從年幼時的創傷產生問題意識的例子也很常見。

也就是說，或許很令人意外，不少問題意識都是從不幸的地方誕生的。

舉例來說，有人的問題意識產生於在單親家庭辛苦的成長經歷，也有人因為自卑於貧困的生活，而無意識地一直想著要解決它。

在電影上也經常會發現，每一位導演都具有獨自一貫的主題。即使導演拍了許多電影，我們還是常會感受到家庭關係、地區歧視等共同的主題蘊含在每部電影的根基當中。

不論是文學也好，電影也罷，即使在各自的世界有著不同的表現，但透過作品回答每個人所抱持著的人生疑問，會是一個共同的問題意識。

總結來說，避免不帶任何目的地表現出負面情緒，讓自己掌握當下的問題點，並讓它形成一個問題意識，就是一個很大的進步了。

## 情緒不能不理會，必須養成整理的習慣

為了讓情緒成長為問題意識，我們必須客觀且理性地整理情緒。要怎麼做到這件事呢？最重要的就是不丟著情緒不管，養成冷靜分析的習慣。

舉例來說，在職場遇到嚴重的職權霸凌問題時，大家都會以厭惡的情緒不停地抱怨，但這只不過是讓情緒顯露在表面，不會形成問題意識。

因此，我們要做的，是客觀地分析上司職權霸凌的問題點在哪裡，這樣才能與情緒切割，動腦想出解決方法。如此一來，腦中會自然而然地產生網子，讓關於職權霸凌的各種資訊留在我們的腦中。

進一步來說，重要的不是將問題單純地停留在個人層面，而是把這個問題帶向「只要解決它就能讓人類社會相對變得更好」的方向。

我們不一定需要明確地解決問題，只要從一種情緒上得到契機，以問題意識的形式關注問題，並從此往下深入思考，就已經十分有意義了。至少在控制情緒上有很重大的意義。

或許這不是一個很好的例子，但女性主權運動就是像這樣進行過來的。因為不能工作而感到很痛苦、在家中被丈夫毆打等，這些本來都是一些非常私人的問題。但女性讓這些問題不單只是停留在個人的情緒，而是轉換角度思考，讓它走向世界女性主權、男女平權等方向，藉此拯救了許多人。

不過，等到這個運動真正有所成果也花費了數十年，因此當事人所處的環境幾乎不會有什麼變化。即使如此，藉由把負面情緒轉換成普遍進行的運動，還是會具有轉換情緒、得到相對應的滿足感的效果。

不管是職權霸凌，還是歧視，感情上的痛苦往往沒辦法直接解決事情本身。然而，把它轉換成普遍的問題意識，把能量用在這個方向，就能夠得到滿足感和充實感。而且，這往往有助於改善未來的社會。

## 原創性不會無中生有

一聽到原創性這個詞，我們往往會以為它是從零開始憑空想像出來的東西，但事實並非如此。首先，往往是將既有的東西加以組合，再加入各式各樣的東西。而是否能創造出屬於自己的原創性，則取決於如何在這些基礎上進行變化。

我在寫論文時也會進行類似的思考。我很少一開始就建立架構；每當我想要針對某個問題意識寫論文，就會廣泛閱讀經濟學中各種領域的論文。即使有些論文的領域並非我想要寫的主題，那也沒有關係。

因為這麼做，有時能在某些論文中發現可應用於自己問題意識上的架構，或是適合拿來運用的數據分析方法。如此一來，即使無法完全照搬某篇論文的內容，也能以符合自己問題意識的形式，引用那篇論文的架構或數據。

當論文完成到一定程度之後，我會為了補充分析再度大量閱讀論文，並從中尋找值得參考的好點子。這樣一來，往往能發現一些若納入自己論文中會變得更有趣的內容，進而拓展論文的深度與廣度。

這正是藉由在腦中張開網子，讓資訊不斷從中流過，最終那些卡住的好資訊一點一滴地讓網子變粗的過程。

在閱讀論文時，雖然有時會尋找與自己論文完全契合的模型，但多數情況下，我幾乎都是抱著「先找找看有沒有不錯的架構」的心情。事實上，這樣反而更有效率。

當然，這並不意味著我們要模仿其他人的表現。詞語本來就不屬於我們能夠自由發明的範疇，它必須是每個人都共同理解的東西。換句話說，無論是令人印象深刻的表現還是創新的文稿，最終都只不過是對既有的東西進行組合而已。

從這個角度來看，我們就能明白，完全原創的詞語或表現其實是不存在的。

關於這一點，世人常常帶有一點誤解。

舉例來說，無論是愛因斯坦還是畢卡索，人們都認為他們是具有獨創性的天才，但事實上他們也絕對不是從零開始創造事物的。因此，只要能夠確實鍛鍊思考能力，任何人都有可能創造出令人意想不到的東西。

特別是在資訊大量流通的現代，成為創造新事物基礎的資訊，已經充斥整個世界了。因此，能夠發現新組合的機會也在不斷增加。

【專欄❷】

## 短距離型與長距離型的學習法

學習可以分成兩種：短時間追求成果的短跑式、以及長時間慢慢吸收的長跑式。學習沒有哪一種方法比較有價值，關鍵只在於目的有所不同。

若目的是三個月後通過考試取得學分，或一年後考取資格檢定，就必須採用短距離型學習法。除了需要死記一些困難內容外，大量灌輸資訊也很重要。

不過，若沒有時間限制，更重要的就會是花時間深入理解，以不易忘記的方式掌握內容。這種長跑式學習與短跑式差異很大。或許，大多數日本人一直以來所認為的學習，都只不過是如同短跑式的一小部分。

隨著當今網路的發展，我們隨時都能夠簡單地取得資訊，這導致就整體學習而言，死記、記憶的重要性逐漸降低了。與此相反的是，隨著時代的變化，「思考」的過程在學習當中所佔的比例相對來說變得更高了。

「學習」當中最重要的要素原本就是「思考」。不過，可惜的是短距離型的學習法並沒辦法讓人掌握「思考能力」。如果可以，在成為大學生之後，試著讓自己的思考方式從短距離型學習逐漸轉換成長距離型學習吧！雖然已經養成的大腦習慣並非一朝一夕就可以改變，但如果想要在出社會之後遇到各種困難時好好解決問題，趁還是學生的時候有意識地改變學習方法會是一個關鍵。

此外，已經出社會的人也試著重新回頭看看自己有沒有在進行長距離型的學習法，並確實地轉換自己的思考方法吧！

# 第3章

# 把用來知性思考的「烹飪道具」準備齊全

## 為什麼沒做好準備就開始思考會行不通？

我在前一章提到，我們必須在腦中張開問題意識的網子，並大量收集上面的「好的資訊」。可惜的是，如果只單純收集資訊，並沒辦法立刻產生好的想法。

若想引導出好的想法，在腦中建立基礎會是一個關鍵。這個建立基礎的流程能幫助我們不浪費那些好不容易留下的資訊，並讓自己更能把有用的資訊留在腦中。如果不這麼做，會讓我們即使拼命花了許多時間，最後還是徒勞無功。

僅僅是「資訊收集→以此為基礎進行思考」，並沒辦法讓我們順利地思考，經常有人會誤解這一點。事實上，我們並不是在看過資訊之後才開始思考，而是要在資訊進到頭腦之前，先花費一些精力建立「思考基礎」。這點會是一個關鍵。

如果把這件事以「烹飪」的比喻來看，所謂建立思考基礎，就像是事先準備好烹飪道具。即使送來了大量看起來非常美味的肉塊，如果沒有切肉的刀子和烤肉的火爐，依然無法做出美味的料理。因此，事先準備好適當的烹飪道具自然就是開始烹飪的最低要件。

然而，令人感到不可思議的是，人們在進行「思考」這個動作時，幾乎不會考慮這個最低限度的條件。許多人就像是誤以為只要收集大量素材就能夠做出料理，只是一味地收集資訊。但是，沒有準備好烹飪道具——即「思考基礎」，就完全沒辦法烹飪，也就無法確實地思考。這是一件很浪費的事情。

但很可惜的是，我感覺在學校等地方，幾乎不會特地教學建立「思考基礎」的方法。如果你苦思許久仍一知半解，很可能是因為腦中缺乏基礎。換句話說，只要扎實地建立基礎，就能不斷提升思考成果。

那麼，該準備好什麼樣的烹飪道具呢？具體來說，該做什麼才能在腦中建立「思考基礎」呢？

首先，我們需要做的是改變想法。如同我在第一章說明的一樣，我們必須具備這樣的想法——原本的資訊並沒有任何作用，必須進行烹飪才有辦法利用。這固然很簡單，卻也是最重要的道具。無論是什麼資訊或知識，都不能原封不動地吞下去，唯有經過腦中的加工，才能轉化成我們的能力。我們必須以這種想法來接觸資訊。

改變想法也可以說是改變內心的習慣。也就是說，建立思考基礎就是改變思考的習慣。雖然這是一件很簡單的事，但實際做起來卻可能怎麼樣也做不好。不過，這絕對不是一件難事，只要持續做一定能夠成功。

## 養成將事物抽象化以掌握結構的習慣

接著，我們需要培養將具體事物以抽象化掌握的「思考基礎」。將資訊以抽象化的形式來理解，在思考的過程中非常重要。為什麼呢？這是因為在大多數時候，我們需要解決的是非常個別的、過往沒有看過的問題，因此我們並沒有辦法把在某處得到的資訊原封不動地拿來使用。

因為即使取得了大量的資訊，也不能讓它就那樣成為解決方法；我們會需要以應用那個資訊或知識的形式，來思考解決方法。那要怎麼應用呢？養成把得到的資訊以抽象化的形式來理解的習慣會是一個有效的方法。

舉例來說，讓我們以小學數學為例子想想看吧！老師一開始會讓學生數橘子或蘋果的數量。接著，會把橘子和蘋果轉換成水果這個抽象化的分類，題目會變成「有幾個水果？」最後，讓學生從「3個蘋果加上5個橘子，總共有8個」這種具體的計算，進而理解「3＋5＝8」這個抽象的形式。到了這個階段，學生對於加法的運算，就不再侷限於橘子、蘋果、水果的例題，開始能夠解答其他加法的應用問題。這是因為學生能夠把「數水果的數量」的行為，以「加法」這個抽象的形式來理解了。也就是說，習得應用能力的關鍵就在於抽象化。

如果能像這樣把個別具體的東西以抽象化的形式放進腦中，我們看到的世界

## 養成把具體事物抽象化的習慣吧

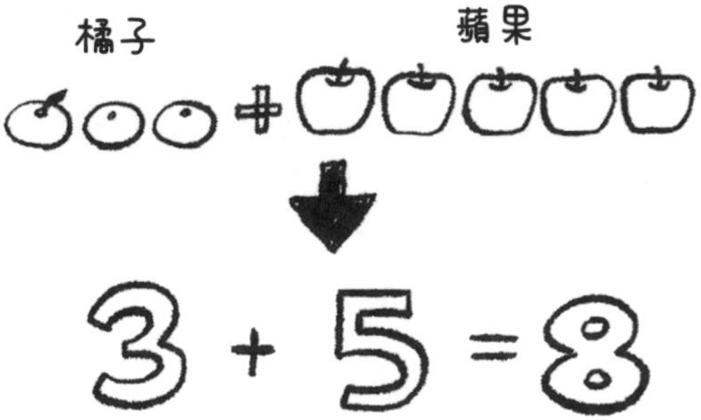


不要讓資訊保持原樣，重點在於抽象化。

就會變得非常遼闊。舉例來說，假設透過閱讀戰國時代相關書籍，一一瞭解織田信長的行動、豐臣秀吉的決定等故事，當然這除了會有它的樂趣在，同時也具有意義。但是，如果只停留在這個地方，我們看到的世界就不會進一步擴大。

只要把這些個別的故事替換成「政治是什麼」、「組織負責人應該怎麼樣」等抽象的理解方式，歷史就不僅是過去的故事，且很可能啟發我們解決當前課題、公司問題。實際上，許多人都是以這種方式閱讀歷史書。

不只書籍能在抽象化後成為有用的資訊。長年在同一公司工作，也會累積許多與公司相關的知識，應該有不少人會把它作為工作上的利器。

然而，在多數情況下，這種資訊只能在那間公司發揮作用，如：「發生這種問題時，可以找那個人談談」、「這個課題需要先跟那個上司協調」等資訊。

像這種高度個別性的資訊，只要一換公司，就發揮不了任何作用了。在這個人生百年的時代，不管待的公司規定幾歲退休，都還是會有第二職涯在等著我們；在那之前選擇轉職的人也不斷增加。如此一來，如果能讓這個高度個別性的資訊變得抽象化、一般化，就能讓它在其他公司也成為巨大的武器。

## 做不到也沒關係，重要的是養成習慣

即便如此，以抽象化的方式來理解事物並不是一件容易的事。說不定有讀者讀到這裡已經感到不知所措，不知道怎麼做才有辦法將事物抽象化。

希望大家不要誤解我的意思，學會以抽象化的方式來理解事物並不是思考的基礎；我們需要準備好的烹飪道具，僅僅是以抽象化的方式來理解事物的習慣。重點在於我們必須從平時就意識到抽象化是一件很重要的事，不可以只是就那樣單純接收資訊，需要花心思將它抽象化。

雖然能夠流暢地進行抽象化思考當然是最好的，但那比較像是在準備專業的烹飪道具。初學者在迷上烹飪時，經常會從形式著手，想要把貴重的烹飪道具準備齊全。但是，烹飪道具只要配合自己的烹飪技術，逐漸提高等級就好了。如果從一開始就準備好專業的烹飪道具，反而沒有什麼幫助，在現實層面也有許多困難的地方。

與此相同，我們追求的目標或許是深度的抽象化理解，但一開始只要養成有意識地進行抽象化思考的習慣就足夠了。接著，再逐步提高它的等級。

那麼，要怎麼做才能養成抽象化思考的習慣呢？此外，要怎麼做才能提升思考方式和運用方法的等級呢？接下來，我會按照以下三個步驟來說明，採用什麼樣的態度接觸資訊才會更容易地養成抽象化思考的習慣——（1）掌握核心（2）尋找共通點（3）尋找差異點。

〈建立思考基礎的思考方式①〉

## 掌握核心

將資訊抽象化的第一個方法是，摸索那個資訊當中的重點與本質。也可以說是把資訊的枝葉去除，抓住樹幹的部分。

而最有效的方法就是把資訊「試著以一句話簡單地表現」。

也就是說，動腦思考「如果要向人簡單地傳達，怎麼說才好呢？」像這樣試著以一句話來表現資訊會非常有助於我們理解資訊的本質。

舉例來說，假設你覺得某則政治新聞很重要，或是覺得某個人的部落格很有趣。我們要做的就是，以一句話向朋友傳達我們覺得重要的地方、有趣的地方。

當然，不必真的傳達也沒有關係。只要帶著傳達的意圖，試著思考、寫出來就好了。這將會讓我們掌握資訊的核心，並向抽象化思考跨出一大步。

看到我這樣寫，經常有人會回覆我：「我不知道哪些地方重要」、「我怕不小心把錯誤的地方當成是重點。」然而，這種想法就如同我在一開始就提到的一樣，是被「一定要尋找正解」的思考方式束縛了。

自己覺得重要的地方並不會有對錯，也不會有正解，只要挑選出自己覺得重要、有趣的地方就好了，因為這麼做能培養出自己獨特的思考方式。換句話說，這部分反而要具有獨特性比較好。

此外，我們還可以從各式各樣的角度來思考重要的部分。舉例來說，假設新聞報導某公司發生了醜聞。這時候或許有人會覺得發生醜聞的原因很重要；也有人會覺得醜聞曝光的過程很重要；甚至，如果有人比較在意醜聞導致公司裁員、業績下滑的可能性，也不會奇怪。

就像這樣，在接觸到一個新聞、資訊時，關注的角度會因人而異，而且也不存在唯一正確的視角。只是養成從多元角度關注事物的習慣，會是培養出良好思考方式的關鍵所在。畢竟，如果想要進行與人們不同的思考方式、提出創新的方向，最重要的還是是否擁有與眾不同的著眼點。

〈建立思考基礎的思考方式②〉

## 尋找共通點

將資訊抽象化的下一個重要步驟是，養成從看似不同的東西上找出共通點的習慣。而且，最好是能夠在事物核心的部分找出共通點。

不過，一開始可能會比較難做到，因此不論是什麼共通點都沒有關係。例如，「現在吃的料理和帶著的包包都是紅色的」——像這種共通點也可以，我們只需要養成尋找共通點的習慣。藉由這樣做，會讓我們漸漸也能在重要的事物上抓出共通點。這會使我們踏出將資訊以抽象化的方式來整理的重要一步。

若能夠把這件事做到一定的程度，就能夠像是把看似不同的橘子和蘋果以「水果」這一個共通點來彙整一樣，把看似毫無關聯的資訊以某個共通點來彙整。這就是將資訊抽象化的一大關鍵。

然後，只要我們能夠以共通點把資訊連接在一起，除了可以從不同種類的資訊獲得解決方法，也可以用不同領域的資訊來比喻說明。事實上本書將思考的流程以烹飪來比喻說明，也是因為我在兩者上發現了共通點。

這項能力與頭腦的好壞沒有關聯。能夠善用這種思考方式的人，往往會把所有問題轉換成與自己相近的話題。無論是誰，身邊應該都至少有一位能把世界上所有新聞都轉換成與自己切身相關的話題來談的人吧！反過來說，平時就有意識地進行這樣的轉換思考，本身就是一個很好的訓練。

思考這類的比喻本身就是尋找共通點的訓練，藉由用料理來比喻工作、人際關係等話題，便可能讓我們在看似毫無關係的東西上發現意想不到的共通點。

平時就試著練習以看起來毫不相關的兩個話題為基礎，尋找各種共通點吧！它能讓我們逐漸想到一些令人意外的意見或是嶄新的點子，如：從演藝的話題獲得金融的靈感、從金融的話題獲得料理的靈感等。

即使共通點很粗略，甚至有一點牽強也沒關係。或許仔細看會有一些相異的地方，但不必拘泥於此，最重要的是進行訓練。即使有點牽強，能夠在不同的話題上找出共通點就是一個重要的能力、思考習慣。

我們也可以透過玩遊戲進行尋找共通點的訓練。例如，我們可以把它做成一種問答形式的遊戲——幾個人聚在一起，每個人按照順序提出兩個看似毫無關聯的東西，再詢問大家它們的共通點在哪裡。舉例來說，如果被問到：「塞納河跟咖哩飯的共通點在哪裡？」大家會怎麼回答呢？這種問答遊戲只有兩個人也可以進行，但如果可以，四、五個人一起玩氣氛會更熱烈。

如果大家都找不到共通點，就是由出題者獲勝。當然，即使出題者沒有答案也沒有關係。要讓大家很難想出來的秘訣就在於盡可能選擇毫無關係的東西。

當然，理想情況是不要只以詞彙表面的共通點或是諧音梗做為答案，而是大家一起競爭思考「在本質的部分有什麼樣的共通點」。雖然可能會有點困難，但如果從小時候就進行這種訓練，等成為大學生之後會與其他人有非常大的差距。

除了問答遊戲以外，也可以透過學習歷史來進行從完全不同的東西上尋找共通點的訓練。

日本學校的歷史課始終只要求學生死背「某年某地發生了什麼事」，但我認為歷史的意義不在這裡。舉例來說，若能試著比較豐臣秀吉與足利尊氏的失敗，並思考其中的共通點，就能夠把個別案例抽象化。如此一來，我們就能從過去的歷史汲取靈感，進而應用於當代的問題。

## 尋找差異點

雖然到目前為止，我們思考了如何在不同的話題上找出共通點，但在把資訊以抽象化的形式來理解的步驟中，也存在著相反的思考方式。也就是說，這次換成反覆思考看似一樣的東西是不是在本質上有所不同，明明應該是相同的現象為什麼這部分會不一樣？藉此養成抽象化思考的習慣。

舉例來說，假設同樣的醜聞接二連三地被新聞報導。一般來說，我們會想：「又是同樣的醜聞啊。」於是，往往會無視這些新聞，但是，我們其實可以試著刻意去關注一下這些新聞，稍微詳細探討一下其中的內容，思考有哪些差異，以

## 三個問題讓你養成抽象化思考的習慣

如何以一句話
來表現？
差異點是什麼？
共通點是什麼？

從平時就有意識地
思考這三個問題，
自然而然學會抽象化思考。

及這些差異出現在哪裡。如果是不同公司發生的事件，只要詳細地分析之後，一定能發現其中存在各種不同之處。

接著，我們可以試著思考：明明存在著差異，為什麼發生了相同的醜聞？藉由這樣的延伸思考，有助於我們養成抽象化思考的習慣。

關鍵在於，當我們接觸相同的資訊時，不應該只是因為「它們很相似」就無視它，而是要刻意去挖掘相異之處。

「比較」這個動作能讓我們在進行事物的抽象化時帶來很好的效果。但是，如同我之後會詳細說明的一樣，正因為現代是一個各種資訊如洪水般襲來的時代，事實上我們不管有多少時間都沒辦法像這樣仔細地應對所有資訊。

我在這裡說明的，只不過是為了養成抽象化思考習慣的思考、練習方法。我們不必一定得確實地落實這些事，在準備的階段只要意識到這樣的方向就足夠了。之後再慢慢花時間在重要資訊上，養成抽象化習慣即可。

## 處理資訊的基本是分類，就像整理資料夾一樣

在某種意義上，我在前面提到的尋找共通點和差異點是資訊處理的基礎。為什麼呢？這是因為分類各式各樣的資訊就是資訊處理的基礎。

以近期的例子來說，當手機上累積了許多照片時，如何把這些照片分類、保存就是這裡說的資訊處理。

最簡單的方法是依照拍照日期排序，但這樣可能不容易找到想要的照片。為了更方便搜尋，我們可以依合照對象建立不同資料夾，這相當於透過「尋找共通點」來整理；或者，將「二〇一七年九月」這一時期的照片，依拍攝地點或人物的不同再分成各自的資料夾，這則是運用「尋找差異點」的方式。

這樣一想，許多人應該就會發現自己下意識地正在進行資訊處理。

這時候，如果想要在完全不同領域的資訊上尋找共通點，就必須掌握資訊的本質的部分，否則找不到真正意義上的共通點。

理想情況下，有兩個不同的資訊時，我們必須理解兩者本質上的構造，並理解、分解相同等級上的共通點和差異點，但這並不是能馬上做到的事。因此，我們先不用去想構造那些麻煩的事，只要養成習慣讓自己思考它們在哪些地方是共通的、在哪些地方有差異就好了。

## 鍛鍊思考基礎能讓你進行更深層的思考

如同我在本章一開始所說的一樣，確實準備好思考基礎會是讓我們能夠好好思考的基本。當然，你不必從一開始做到完美。只要能夠以在本書思考的東西去接觸資訊，並意識到寫在本書的內容非常重要就足夠了。如此一來，就會逐漸變得更能夠處理資訊。

然後，這最終將會變成一種思考的習慣。

為什麼習慣會那麼重要呢？這是因為它能讓我們在不需特別意識的情況下自動進行。大家應該也多多少少有著各種習慣，習慣的特徵就是會讓人不知不覺去做某一件事。

動腦、思考的方式也是如此，如果想要每次都有意識地實踐這些內容，起初可能會非常困難，但若養成習慣，我們便能在很大程度上無意識地做到。

如此一來，我們就能更輕鬆地處理資訊、更輕鬆地擴展思路。

在累積處理大量資訊的經驗後，我們的基礎將更加穩固。接著，如同我在後續章節所提，將能進行更高層次的思考，並由此推導出意想不到的解決方案。

## 養成習慣讓你能夠下意識進行是大腦處理資訊的基本

即使接觸到大量的資訊，如果只是把它們單純地複製貼上，並不會讓我們思考。這就像是在沒有留下任何評論的情況下轉發一則推文一樣，不過是讓資訊單純地從左耳進右耳出。

然而，若想從大量的資訊當中創造出與眾不同、創新的內容，或產出具有原創性的訊息，思考的過程是不可或缺的。唯有藉由個人的觀點對湧入的資訊進行烹飪，我們才能夠將資訊以不同的形式輸出。

這樣一想我們就可以明白，資訊或知識都不是單一的存在，真正重要的是組合。這時候我們會需要的是在不同的東西上找出共通點的能力，以及在相似的東西上找出差異的能力。

一旦理解了這一點，我們便能使以往只將兩個資訊視為相同、並據此輸出而成的內容，產生屬於自己的附加價值。

儘管如此，我想再次強調，這並不代表我們必須把所有輸入的資訊都視為對象，隨時思考如何組合它們。首先，更重要的是培養一種思考方式的習慣——將來自不同領域的資訊放在相同的基準上加以理解，並從中進行組合。

一旦養成了這樣的習慣，就不需要刻意逐一組合各種資訊，因為我們在腦中建立的基礎會在無意識間自動幫我們處理這些資訊。

【專欄❸】

## 只要從事物的內側來看，就能理解本質

在與網際網路的相處模式上，數位原住民與上一代的人們之間，呈現出顯著的差異。即使再怎麼努力學習網路的使用方式，卻還是覺得怎麼追也追不上。不過，我反而認為，只依賴網路也難以應付接下來的時代。

舉例來說，現在出現了各式各樣的網路購物方式，許多人認為只要能好好運用網路，就能帶來無數的生意機會。然而，這種生意型態中最主要的阻礙在哪裡呢？就在於物流。到頭來，只要不是數位商品，不管打造出多麼先進的購物網站系統，最後還是必須透過物流將商品交到顧客手中，這一點始終不會改變。

因此，物流系統將成為關鍵。在某種意義上，是否能夠順利構築物流系統，將直接影響網路購物的成功與否，而這完全就是真實世界的事。也就是說，只有成功打造完善的物流系統，才能成為網路社會中的贏家。

換句話說，事實上即使身處於網路的全盛時代，最關鍵的部分依然存在於真實世界。從這個角度來看就可以明白，雖然深入暸解網路世界或許能帶來一定程度上的好處，但這並不代表能因此讓事業確實取得成功。

事物總有正反兩面，為了進行合理且更良好的判斷，不能只是接收單方面的資訊，必須隨時保持能掌握事物本質的思考方式。

# 第 4 章

# 讓湧入的資訊就那樣流出去

## 在不篩選資訊的前提下，有意識地擴大接收範圍

在腦中張開網子，建立思考的基礎之後，就讓資訊不斷從腦中流過吧！

世界上有人不相信大眾媒體的新聞；也有人完全不想看網路新聞。是否需要根據這些資訊種類的不同，來改變我們的應對方式呢？我認為沒有必要。因為資訊本身並沒有好壞，我在讓資訊流過腦中的階段不會進行取捨，且我是有意識地這樣做的。

事實上，我認為這也是資訊處理的一個關鍵。因為在這個資訊爆炸的時代，自然存在著許多有用的資訊，若在尚未輸入這些資訊之前就把它們拒於門外，是一件很浪費的事。

當然，由於時間有限，我們無法掌握所有資訊，但與其一開始就刻意篩選資訊，不如敞開心胸接受各種資訊，因為真正重要的還是腦中能夠卡住好資訊的網子。

實際上，除了專家之外，我們在許多情況下也會從一般人所寫的內容中獲得靈感。或許有人打從一開始就相當排斥社群媒體上的資訊，但根據接收者的使用方式，它同樣有可能成為豐富多彩的資訊。

說到底，資訊並沒有好壞，重要的只有資訊對自己來說是否有用。更進一步來說，關鍵在於我們吸收資訊的內容後，是否能從中獲得具有意義的訊息。

最終我們仍是根據資訊是否有卡在自己腦中來判斷其價值，而透過掌握資訊的構造和本質，我們將能夠做得越來越好。因此，我在第三章提到的建立思考基礎就顯得格外重要。因為只要養成掌握資訊的核心和本質的習慣，理解資訊的方式也會隨之改變。

**重點不在資訊本身，而在於如何料理、運用**

資訊沒有好壞與資訊是否具有可信度是不同的問題。

實際上，在社群媒體上會發現有許多完全無法讓人相信的資訊。如果從可信度的觀點來看，人們一般會把資訊區分為全盤接受也沒關係的資訊，以及不可以照單全收的資訊。

然而，以我的感覺來說，雖然資訊沒有好壞，但也沒有任何資訊是可以照單全收的。我們必須擁有姑且先懷疑所有內容的態度，即使資訊來自於非常傑出的學者，也沒有可以就那樣完全相信的資訊。不過，那個資訊是否能夠利用又是另一回事了。

更進一步來說，重要的並不是內容的可信度，藉由懷疑並推敲那些內容，反而才會發現資訊的使用方法。我覺得視野寬闊的人與視野狹隘的人，差別就在於這種資訊的使用方式。因為比起資訊本身，在許多情況下更重要的會是我們如何掌握、思考這些資訊，如何烹飪資訊，並應用在適當的地方。

在選舉前經常出現的關於候選人的醜聞等資訊，就是一個很好的例子。在週刊雜誌上洋洋灑灑地寫著各式各樣的事情，與其關注內容的真偽，不如思考這種資訊在選舉前出現的理由，這樣它便會成為能引起我們思考、想像各種事情的珍貴素材。也就是說，比起資訊內容本身，資訊的意義更在於提供我們思考內部構造的契機與靈感。

當然，我們沒辦法完美地掌握、預想資訊出現的內幕。不過，只要在接觸這類資訊時能夠預想「這是不是在進行資訊戰」、「這是不是也是一種選戰」，它就成為我們深入思考選舉策略的契機了。

假設這時候又有其他選舉報導等資訊向我們湧入時，疑問或許就會進一步擴大，讓我們思考真正發生了什麼事情。我們必須像這樣讓疑問和關注點擴大。在這個過程中，比起一面想著什麼才是真實的資訊，一面尋找「正解」的資訊，更重要的是不斷烹飪各種資訊，將它們漸漸轉變成自己的疑問和關注點。

演藝新聞也蘊含許多值得思考的素材。有人能從各種角度切入理解一個資訊，並加以靈活運用；也有人只是把資訊照單全收，沒有將其延伸到其他地方。

這樣的差異會讓我們產生顯著的落差。

## 關注遠方的資訊

正因為我們身處資訊氾濫的時代，僅僅關注眼前的資訊，就能取得足夠的資訊量，而這會讓我們以為這樣就有一定程度的學習了。

然而，事實上正因資訊相當豐富，我們才必須更加特意去取得平常看不到的資訊。如果不這麼做，我們就沒辦法深入思考，也難以出現與他人不同的想法。

最近，優先提供我們可能感興趣的新聞或資訊的網站、服務一直在增加。這些服務固然很重要，也有它便利的地方，可以讓我們在忙碌之中掌握必要的資訊。不過，如果只接觸自己感興趣的資訊，在得到的資訊上就會出現偏頗。

此外，透過社群媒體取得資訊和意見，在某種意義上會讓我們只接觸到與自己觀點相符的內容。雖然我們不能否認它的便利性，但同時也隱含著一些風險。因為一旦資訊出現偏頗，思考的深度將會受限。

最需要避免的就是，認為遠方的資訊無法為自己帶來任何幫助。

在這一個部分，讓遠方的資訊發揮作用的思考方式會是一個重點。我在第三章提到的、在兩個不同的東西上尋找共通點的思考訓練就是鍛鍊這項能力的重要手段。只要好好鍛鍊這項能力，我們就能翻譯不同的資訊，讓它們活用在自己身上。

有一個著名的故事是，牛頓看到落下的蘋果，因而發現了萬有引力的法則。

姑且不論這個故事的真實性，我們所看到的事物能否成為解決自身問題的的契機，關鍵就取決於我們是否有在腦中想著那些問題。如果腦中沒有問題意識，牛頓光是看到蘋果落下，應該什麼也不會想到。

電視劇經常會出現這種劇情：當主角陷入企業併購的交涉無法順利進行的膠著狀態時，從偶然間閱讀的小說中獲得了解決問題的靈感。

在某種意義上，我們可以說這是一種御都合主義的展開，但也不能說它完全不切實際，因為這種意想不到的想法的關聯性，往往會在接觸意想不到的資訊時出現。

我自己也會刻意接觸完全不同領域的資訊，尋找卡在腦中的東西。舉例來說，當聽到電視裡搞笑藝人的對話時，可能會突然想到：「啊，這段話與自己抱持著的教育、人才等問題意識有所重疊。」如此一來，這兩者之間就產生了連結。

我並不是在看電視的同時，不斷思考能不能得到有用的資訊，因為這樣做會完全沒辦法好好享受電視。我是在開心地看著電視的同時，讓資訊不斷流過，這個過程中某些東西會自然留在自己的腦中。

雖然這只不過是一個例子，但像這樣讓完全不同領域的資訊流入腦中時，資訊會與成為網子的問題意識產生反應，從而激發出有趣的組合。

在現在這個時代，我們能夠自由獲取各式各樣的資訊，因此我們也可以說這是個勇於從與自己有些距離的領域中參考資訊，能更容易創造出全新點子的時代。

## 大量且多元的資訊會帶來意想不到的靈感

為了讓範圍廣泛的資訊流過腦中，盡可能種下越多問題意識的種子就越有效果，而張開種類多元的網子正是一個好方法。

在學者當中，我或許是一個例外，我屬於那種會同時進行多項工作的類型。即使是專業的研究論文，我也經常同時撰寫四、五篇。

除了書寫論文以外，我在大學也有課程，以及在進行寫書的工作和演講。此外，我還有在書寫書評、政策建言的隨筆，甚至參加與自己的研究沒有直接關聯的審議會。

或許從旁觀者的角度來看，我看起來就像是在做著毫無關聯、零零散散的事情。不過，我認為其實有許多相互連結的部分。我會這麼說也是因為這些工作在我思考的問題意識上有著共通點，它們就從這些地方連結在一起。因此，在一個工作上思考的東西經常會為其他的工作帶來幫助。

至少，藉由同時進行各種領域的工作，能讓視野變得更遼闊是無庸置疑的。

在寫論文時思路經常會卡住，這時候只要進行看似毫無關聯的領域的工作，就常常會帶來一些點子。

這就像是農民在培育很多種類的農作物時，不會把某種肥料只用在A作物的田地，其它作物的田地也會一起施肥。

如此一來，雖然施肥主要是為了A作物的田地，但C作物的田地也可能會突然長出新芽。也就是說，我就像是擁有三、四片不知道施什麼肥料才會發芽開花的田地。然後，每當我發現能成為肥料的東西時，都會在不知道結果的狀態下，持續使用在這些田地上。

在讀書這件事上也一樣，我會刻意去閱讀那些與自己問題較無關聯的書。比起能對眼前的問題直接帶來幫助的書，我反而更常在其他類型的書中發現新事物，甚至獲得意想不到的靈感，而這往往對自己更有幫助。

閱讀書籍或觀賞電影時大部分都是純粹在享受故事，但有時候，某些出現在當中的內容或情節會與自己心中的問題產生連結。這是因為我們或許會在不知不覺間在腦中進行連結的動作，進而發現這些故事與自己問題的關聯和相似之處。

## 資訊不要篩選，讓它們不停地流過腦中吧

可能會從來自遠方的
資訊中獲得靈感！

因此，無論是看電影還是讀書，我都會留意其中是否有什麼潛在的內容可以運用到自己所擁有的田地上。

接著，等到特定作物足夠成熟時，我就會暫時集中精力培育它，並在採收果實之前稍微暫緩其他工作。這就是我進行工作的方式。

## 讀書是唯一一個能主動獲得資訊的動作

隨著網路的進步，從書籍取得資訊的機會正在減少，連像我這樣的學者也是一樣。但是，想要知道特定的資訊時，翻閱書籍還是不可或缺的。

以現在這個時代來說，假設想要從比特幣的機制到專家對比特幣的看法綜合地瞭解比特幣，首先就要尋找關於比特幣的書籍。

當然，閱讀網路上詳細記錄著的網站內容也可以，但如果想深入瞭解過去人們是如何思考的——那些長期以來的學問和知識，還是最適合的選擇。

書籍與其他工具最大的不同在於，讀書是一種主動獲得資訊的動作。

在當今這個資訊量繁多的時代，我們即使被動地等待，資訊也會如洪水般襲來。因此，在這種情況下主動尋求資訊的動作特別有意義。

這個動作能強化我們腦中張開的網子；若只是被動地接收湧入的資訊，網子便難以變得更強韌。因此，扎實地讀書是一件很重要的事，尤其是在網子尚未成形的階段，更能發揮效果。

主動行動能讓我們強化自己的問題意識，使問題意識逐漸明確起來。這就是藉由主動獲取資訊可以強化網子的理由。等網子強韌到一定程度後，即使只是被動地任由資訊流過，也會有一定程度的大量資訊留在上面。

**卡在網子上的資訊可以先晾在一旁**

理所當然地，如果把流向我們的資訊一一仔細斟酌，那不管有多少時間都不夠。基本上我們只要讓資訊不斷流過就好，不需要把它們一個一個黏在網子上。

我們需要花費時間和勞力的是，我在第三章介紹的、在腦中建立「思考基礎」的部分。如果那些前置作業變得能夠無意識地進行，當有大量的資訊流過來的時候，它們會自動地卡在腦中，其中重要的東西會成熟、成為牢固的骨架，最後形成一個平面留下來。當然，建立基礎並非一朝一夕就能完成，因此我們在讓資訊流過的同時，需要逐步加深這種思考習慣。

透過這個過程，把那些卡在具有尖刺的網子上的資訊留在我們的腦中——它們或許與自身問題意識的主題有關。當然，如果有強烈的靈感，也可以當下就仔細地斟酌資訊；但如果沒有靈感，就先把它掛在網子上，靜靜晾著也無妨。

一絲不苟的人或許會把接收到的的資訊抄在筆記上、輸入至電腦，讓自己隨時都可以重新看過。這當然也是一種方法。

不過，我自己是不太會做這種事。我覺得忘記就算了，因為會忘記的也是那些對自己來說不太重要的資訊。

現在與過去不同，眼前隨時都流動著大量的資訊，因此忘記的資訊只要再拿回來就好了。而且，即使是在這種情況下，還是會有某些東西持續卡在腦中。把資訊放在腦中或是寫進筆記裡的意義，已經不像以前那麼大了。也就是說，把忘記的資訊不斷地丟掉也沒關係。

不要把能力耗費在記憶上面，應該使用在思考上——這不只限於學術、工作的世界，可以說是關乎於人生本質的思考方式。

## 不要著急，等待時機成熟

晾在網子上的資訊可能會漸漸乾掉、脫落，也就是變得不重要，或是被遺忘。不過，我會果斷地接受這個過程，並不斷接觸資訊、讓資訊從腦中流過。我的立場是如果在這樣的狀態下，還是有東西一直持續卡在腦中，就會稍微認真思考一下那些內容。

就像在尋找一片完美契合的拼圖，除非一開始就能在資訊上發現靈感，不然就先把資訊放在腦中的角落，不用特別去多想。因為之後在某些地方能用到它就好了，用不到也沒關係。

而且，如果那個內容令人印象深刻，之後還是會想起來好幾次，那時候就會自然而然地找到它的用處。

讓我再強調一次，不管如何，我們應該花費時間和勞力的不是在資訊流進來的時候，而是在那之前的階段，也就是我在第三章介紹的思考方式的習慣養成——把不同領域的東西放在相同的基準來理解的習慣、在看似一樣的東西上找出差異的習慣、能夠把事物抽象化及具體化的習慣。

如果能在讓資訊流過之前，腦中就養成這種思考習慣，就算只是不斷讓資訊流過而已，也會自然地順利進行，而且這樣做反而比較好。

因為，重要的東西卡在上面之後就會停在那裡，並逐漸成熟。

最重要的是不要著急，只要等待時機自然成熟，網子就會變得更粗壯、更強韌，而我們也會慢慢想出解決方法。

【專欄④】

## 即使不平衡也沒關係，知識的偏頗也是一種個性

在長距離型的學習法中，盡情地進行偏頗的學習也沒關係。

舉例來說，為了不依靠字幕也能享受電影的英文能力，在某種意義上就會出現偏頗。電影中的英文基本上都是口語，也會包含一些俚語。因此，許多人會覺得如果只用電影來學習英文，沒辦法獲得正經的英文知識。

人們所想像的這個「正經的知識」就是，在高中入學考試、大學入學考試或英文檢定等地方所需要的均衡的英文。特別是認真的人會有一種必須均衡學習英文的意識。

為了不藉由字幕觀賞電影所需要的單字，與為了通過英文檢定的單字相比，一定會有偏頗的一面。但是，我認為偏頗的知識會是一種個性，也是那個人好奇心的展現，因此我希望大家能珍惜屬於自己的知識。

這不僅限於英文。像法文也是一樣，學習法國料理時所獲得的知識，盡是些法國料理菜單的單字也沒關係。

或許許多人會覺得一定要進行正經一點的學習，但我感覺那是一個很大的錯誤。

因為，五年後、十年後，偏頗說不定會在意外的地方帶來某個生意機會。

老實說，我幾乎沒有讀過所謂的古典名著，就算有，也是出於工作的需要，選擇特定書籍來閱讀。因此，我認為我自己的知識相當偏頗。

雖然有許多具有內涵的內容只有古典書籍裡才能看見，但時間是有限的。我在就讀研究所時特別忙碌，因此覺得就像是在沙漠中尋找遺失的戒指一樣、有點沒效率的讀書不太有趣。老實說，我對此完全沒有任何興趣。

不過，關於這一點，我現在有在稍微反省。因為總有人能在畢業典禮或結婚典禮等場合完美地引用古典文學中的句子或文章，進行一場帥氣的演講，但我沒有那種本事。雖然是這麼說，但現在的時代太過厲害，只要透過網路就能簡單且無止盡地找到過去的名言佳句。如果之後想要使用，我或許會直接在網路上搜尋吧！

# 第5章

# 留在腦中的資訊會成熟，最終轉變為知性

## 留在腦中的資訊會成為「思考的骨架」

我在前一章當中提到，卡在網子上的資訊中個別細微的部分最終會脫落，並與其他資訊結合在一起，讓網子漸漸變得又強韌又粗壯，而為了達成這個目的，最重要的就是讓大量資訊從我們的腦中流過。也就是說，細節的數字、專有名詞等枝葉的部分會消失，只留下資訊的主幹，而卡在網子上的其他資訊會與之結合，讓它逐漸成為重要的思考骨架。

成為思考骨架的資訊將能夠應用在各式各樣的場合和領域，也會更容易與其他的資訊結合。當然，如果把與之結合的資訊也統整成一個巨大的骨架，我們就能更容易延伸它的範圍。

「思考流程」的最後工程就在於，像這樣把成為骨架的資訊們結合，並讓它們成熟，藉此孕育出自身問題意識的答案。

腦中的枝葉消失，殘存的樹幹們結合在一起，逐漸成長為更粗壯的樹幹——這可以說是知識得到昇華，孕育出知性的過程。透過這個過程我們便能夠不斷提高腦中網子的密度。

理所當然地，把卡住的各式各樣的資訊培育成粗壯的樹幹最有效的方法就是我在第三章說明的「思考基礎」。也就是說，我們必須重視把資訊抽象化的流程。為什麼呢？這是因為只有將資訊抽象化才能更容易地應用在其他的具體問題。

很多時候，像這樣成長茁壯的資訊樹幹會提示我們如何解決正在思考的問題意識。然而，有些時候僅是這樣也不會產生出什麼出新的想法。這時候該怎麼辦呢？

如果以烹飪來比喻，這就是收尾的階段，這時候最重要的就是刻意嘗試製作出意想不到的組合。

## 如何積極地把不同的資訊結合在一起？

最近不論從事著什麼類型的職業，都越來越常被要求必須提出具有原創性的點子。不過，如果沒有取得與他人不同的資訊，就會比較難說出與他人不同的內容、產生與他人不同的想法。然而，實際上來說，這個問題並不是那麼簡單就可以解決。

在這種情況下，首先我們能想到的解決方法就是即使得到相同的資訊，也試著讓自己站在與他人不同的視角。也就是說，如果其他人只從正面看，我們就繞到背面看看；如果其他人只觀察外側，我們就試著往裡面瞧瞧。

但是，很多時候這也很難做到。或許在公司內部的企劃會議、策略會議等場合，大家都口沫橫飛地說著：「應該站在與其他人不同視角，提除嶄新的企劃」，但說來容易做來難。

事實上，改變視線和視角的有效方法是，結合不同的資訊、思考意想不到的組合。只要試著組合許多人完全沒想過結合在一起的東西，即使最後沒辦法組合在一起也不用在意，在這個過程中我們的視角自然而然就會改變了。

在腦中積極地進行這個動作的同時，尋找解決方法或新提案，就是在這個階段很有效的「思考流程」。

也就是說，這就是結合自己印象深刻、構成思考骨架的資訊片段，並與新資訊積極互動，進而引導出解決方法的流程。

與我在第三章提到的建立基礎的階段最大的不同就在於，在這個過程中我們為了引導出解決方法，需要積極地結合資訊。當我們建立好思考的骨架，就能更容易地把不同的資訊以有意義的形式結合在一起。

我們結合的兩個資訊不需要具有關聯性，我甚至會刻意思考有沒有辦法建立出完全不同的組合。

有一種名為咖哩烏龍麵的食物，應該有很多人都喜歡吧？

## 積極地把不同的資訊結合在一起吧

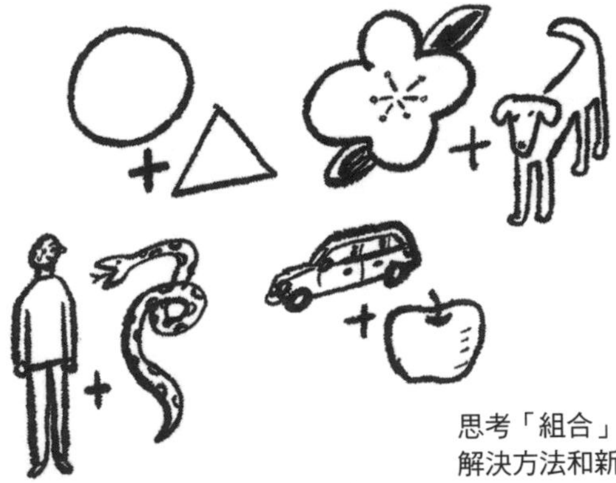

思考「組合」，會孕育出解決方法和新提案。

但是，稍微認真想一下，就會發現這其實是相當不可思議的食物。把印度咖哩與和風料理的烏龍麵這兩樣完全不同的東西組合在一起，竟然會誕生出過往沒有的美味料理。我們就是要想像自己在製作咖哩烏龍麵，試著組合完全不同的東西。

以極端的例子來說，在思考金融相關的法律問題時，試著將自由行的悲慘經歷與之組合，也有可能提升成果。因為在這種完全不一樣的東西當中，往往會獲得意想不到的靈感。

具體來說，當我們面對金融相關的法律問題或糾紛等資訊時，若能意識到「被騙」是一個問題共通的重點，這就會成為具有深遠意義的思考骨架。

但是，如果去具體地思考這種時候需要什麼樣的法律，常常會想不到好點子。這種時候，不妨試著回想海外自由行時被騙的悲慘經歷吧！

當然，即使那個經歷與金融無關也沒有關係。如果能從那個經歷具體想像出詐騙的模式或受騙方的思考迴路，就能在我們具體思考法律時產生很大的幫助。

也就是說，透過刻意嘗試這種組合方式，來思考這個經歷能不能用在現在所思考的問題意識上。像這樣擴展想像會是一種很有效的思考方式。

這裡的重點就在於試著組合意想不到的事物。

## 今後的時代需要的是結合的能力

如同我在本書前言中所提，現在的日本正遭遇巨大變革。可以預想的是，社會系統與人們的價值觀會出現像明治維新、二戰結束不久時一樣劇烈的變化。隨著技術革新，人工智慧（ＡＩ）研究也迅速地發展，許多過往由人類進行的工作正逐漸被人工智慧取代。有一種說法是，超過半數的職業在二十年內會被消滅。

而身處這種時代，我們需要的是「找出新組合、使之產生連結的能力」。也就是提案、實踐「如何好好組合過去絲毫沒有關係的兩件事情、使它們產生連結」的能力。而為了做到這些，平時的思考習慣就會變得很重要。

這適用於任何產業與工作。尤其對經營者來說更是不可或缺的能力，把事業關鍵部分與國家或地區結合在一起，也是從事全球化工作所需的能力。

以與我們更切身相關的例子來說，這也是把人與人結合在一起的能力。「讓這個人跟那個人像這樣組合成工作夥伴，應該能把工作處理得很好」——像這樣發現新的組合也是屬於這項能力。

不是只有企業經營者需要這項能力，未來日本的中階主管也會被要求具備這項能力。這些人必須思考：「如何讓工廠或職場中的伊斯蘭教徒與拉丁美洲天主教信徒和諧地共事？」這已經是日本國內企業在經營過程中無法迴避的課題了。因為即使是國內企業，員工也不再只是日本人。

在新加坡的企業中，公司內部早已匯聚了來自阿拉伯、日本、中國、歐洲、印度等地的人才，因此當地法人機構的主管自然需要這項能力。雖然在日本還很少出現這種情況，但國內遲早也將走向相同的發展。

思考新的組合、使不同事物產生連結的能力，是人工智慧比較不擅長的領域。也正因為如此，未來人類才更需要培養這項無法被人工智慧取代的能力。

## 加強抽象化的能力，讓腦中產生化學反應

那麼，創造新的組合是只要試著組合就好了嗎？雖然說要組合、使它們產生連結，但只是單純把個別的東西組合在一起，也不會有新的發現或進展。最重要的是在這上面引起化學反應。

那麼要怎麼做才能引起化學反應呢？

其實關鍵就在於出現在第三章的抽象化的思考方式。提升抽象化的能力，能讓我們更有效地結合看似完全不同的資訊。接下來，就讓我們來具體思考看看，為了做到這件事我們該進行什麼樣的思考方式吧！

在歷史的案例中，曾有戰國武將心急之下相信了不確切的資訊，導致在重要的戰爭中失利。如果想把這個故事當成現代自己身處的狀況的一個教訓，最有效的方法就是把它用簡單的詞語來表達，進行抽象化之後放入腦中。這基本上就是我在第三章提到的為了建立思考基礎而把資訊抽象化的動作，讓我們再稍微詳細探討這一點，進一步思考如何進行下去吧！

這個故事當中原本就充滿了各式各樣的資料，包括戰國武將的名字、對手武將的名字、戰爭的日期和地點、不確切的資訊是什麼、什麼樣的輸法等等。

如果想讓這個故事對自己事業上的判斷產生幫助，如出一徹地使用這個故事沒有任何意義，我們需要的是抽象化。

當然，武將的名字或身分、日期與地點都不需要。最後，我們可以把這則故事轉換成只有「失敗的根本原因是上位者以不確切的資訊為基礎，太早做出決定」這個骨架的資訊。這個工作就是抽象化，也是資訊的骨架化。

在那之後，我們要做的是具體化的動作——在這個資訊骨架上以我們切身的資料來補充細節。舉例來說，把「上位者」的抽象表現，替換成「老闆」或是具體的專有名詞「○○代表董事」；把「不確切的資訊」的部分套上具體的資訊內容。當然，如此一來，戰國時代的故事就成了現代的教訓。

為了把歷史書籍的內容應用到現代，無論我們有沒有意識，都會進行這樣的動作。抽象化的過程是，把專有名詞轉換成普通名詞，並除去瑣碎的資料，讓資訊成為只具有普遍性訊息的骨架；相反地，具體化的過程是不斷把普通名詞轉換成專有名詞，並加入具體的資料。

在學習歷史時，如果只是接收「織田信長何時如何、豐臣秀吉做了什麼」等，那就只不過是單純的知識，我們無法從上面獲得解決自己煩惱的提示。

不讓歷史停留在單純的知識、試圖從中汲取某些東西的人，就會在無意識中進行著前面提到的思考方式。並置換到自己身上，藉此讓自己有所同感：「豐臣秀吉也在與自己相同的地方煩惱著、努力著吧」，並使它成為自己的教訓。

事實上這就是想辦法讓被我們抽象化的資訊再具體化，並置換到自己身上的意義。接著，讓我再稍微說明一下像這樣把抽象的東西具體化的步驟吧！

## 學問就是由抽象的理論引導出具體的結果

資訊當中存在著抽象的東西，也存在著具體的東西。網路上的新聞和部落格比較多的會是具體資訊。如同我一直強調的一樣，把具體資訊抽象化的思考方法非常重要。

不過，也存在著與之相反、把抽象的東西具體化的思考方法。如果能流暢地來回進行這種抽象化與具體化，就會如同我前面所說的一樣，提高我們結合意想不到的事物的能力。

專業書籍等比較難懂的書籍大多都是寫著一些抽象的內容。以這些書籍來學習時，我們就必須把被抽象化的資訊套在自身現況的具體事物上。事實上，學術上的學習本來就多半是走向「抽象→具體」的流程。

把抽象的資訊具體化的優點並不只限於純學術的領域。從經濟學的書籍得到的東西能用在與經濟學毫無關係的化學的內容上，也有可能藉此獲得戀愛的提示。我認為這些才是真正的學習，也正是讀大學真正的意義。

有人會覺得在學校學習經濟學或數學對實際生活完全沒有任何幫助，但我並不那麼認為。學習經濟學當然會有更瞭解經濟的好處，但比起這些更重要的是把經濟學的理論具體運用在自己的生活和人生上。

或許學問的真正意義就是像這樣從抽象的理論引導出具體的結果。如果不明白這件事，只是把抽象的知識以抽象的方式來記住，並就此畢業，只能說是一件非常可惜的事。

雖然經濟學在學問當中屬於比較貼近生活的東西，但即使是宇宙物理學，也能夠應用在尋找日常家庭煩惱的解決方法上面。我認為學問本來就應該是能夠像這樣對生活產生幫助的東西。

此外，如果能夠無意識間流暢進行這種思考方式，各式各樣的事物也會更容易地進入腦中。舉例來說，在已經被抽象化的演講骨架上，結合自己在其他結婚典禮上聽到的具體演講內容，這一加一減之間可能就能使之成為在任何結婚典禮都可以使用、具備應變能力的演講。

也就是說，如果能養成在腦中進行這種動作的習慣，就能夠更輕鬆地組合過去的資訊並創造出新點子。

## 有意識地進行跨領域轉換的思考

就像這樣，如果想要提高思考能力，最重要的就是進行「具體」跟「抽象」的雙方向訓練。就像是果汁的濃縮與還原。

「具體→抽象」就是把擠出的果汁進行濃縮；「抽象→具體」就是以水稀釋進行還原。反覆進行這兩個動作，是在提高思考能力上不可或缺的事。

把社會上的新聞套用在自己切身相關的世界，讓它更接近自己並對此進行思考——我們應該在腦中持續進行著像這樣的事情。如果能把這件事徹底做到讓它成為一種無意識的習慣，它就會成為我們巨大的武器。

當然，即使是同樣地由抽象向具體來理解，不只是把抽象的經濟學理論放到

## 在腦中反覆進行「具體⇄抽象」的雙方向訓練吧

不管接收到什麼領域的資訊，都能夠轉換運用。

經濟、經營等相同領域的具體問題上面，而是進一步拓展、提高難易度，讓它轉換到經濟學以外的異領域——有意識地像這樣留意自身的思考方式也是一個很好的訓練。

只要掌握「具體」與「抽象」的雙方向訓練，不管是來自任何領域的資訊都能夠自由地轉換應用。

## 把資訊「結構化」，可應用的範圍會更廣

等到更習慣之後，應用的範圍會更廣，也會漸漸變得能夠把資訊「結構化」之後再放進腦中。讓我以前面提到的結婚典禮演講為例子來說明吧！

出席結婚典禮時，經常會看到熟練於演講的人。這些人的演講大部分都具有固定的骨架。只是根據新郎新娘的不同，當然一定要做些變化，因此他們會稍微改變故事的細節，藉此熟練地進行各式種類的演講。

在固定骨架的觀點上，我們可以說這種做法是「掌握結構」。

也就是說，每一次都從零開始精心構思新的演講太辛苦了，只要能掌握重點建立出一個骨架，使它結構化，細節的部分就能夠配合不同情況來進行客製化的

應對。

如果能像這樣不只是單純地進行抽象的整理，而是把它結構化後再進行彙整，可應用的範圍就會更加的寬廣。

讓我們換個例子再來思考看看吧！之所以認為戰國武將的例子能在現代公司組織的事情上產生幫助，是因為我們能夠把武將跟上司抽象化，統整成上位者。不僅如此，還因為許多人認為「上位者和下屬之間建立信賴關係很重要」、「良好的領導能力至關重要」這類觀點，在結構上具有一定的共通性（儘管不能說是完全相同）。如果能夠像這樣不只是進行單純的抽象化，而是去反覆推敲結構上的相似點和差異點，將能大大地延伸思考的範圍。

當我們看到某些具體事物時，如果想把它應用在其他地方，就必須先掌握其中的共通點，並稍微改變腦中的想法。這個共通點就會是資訊的骨架。然後，當我們理解：「只要骨架相同，就能視為同樣的東西」，也就等於掌握了事物的構造。

## 訓練自己不停地將資訊套在自身問題上

想要更靈活地活用資訊，最有效的方法是訓練自己有意識地持續把資訊套在自身問題上。

把某個資訊轉換成自身問題的思考方式與擅長說話的人的思考方式很類似。擅長說話的人往往能準確地抓住對方話中的要點，並轉換成與自己相關、且相似的話題來活絡氣氛。也就是說，這些人會透過把他人說的話轉換成自己的話題，把對方拉進自己的節奏裡。

許多電視上大受歡迎的搞笑藝人都很擅長這種技術。這些人可以在無意識間進行抽象化及具體化。

為了讓資訊真正成為自己的東西，我們需要具備這種思考方式。不僅是自己有興趣的內容，連看似與自身問題無關的資訊，也要試著不斷轉換成與自己相關的事。

舉例來說，當電視節目上正播放著某人的失敗經驗時，我們可以想：「我也曾有過類似的經驗」；或反過來發現：「我現在做的，正好是與他相反的事情」。又或是，可以試著思考：「如果是我，遇到這種情況會怎麼做？」讓我們養成習慣，把各種資訊都試著放在自己身上來思考吧！這就是讓資訊內化到自身的過程。

如果接觸到某地區正在發生紛爭的新聞，也可以試著把它套在自己與朋友之間的爭吵上，試著思考共通點和差異點。

只要像這樣養成把資訊內化到自身的習慣，就能夠把資訊中蘊含著的各式各樣的故事，當作人生的教訓或是負面教材。這正是更近一步有效活用資訊的方法。

前面提到的戰國武將的故事，對經營者來說，理所當然地可以作為負面教材，也可能成為範例；除此之外，對那些正在煩惱是否要下定決心轉職的人也能有所幫助。

或許有人會認為，轉職與戰國武將在戰場上的經驗是完全無關的兩回事，但其實就算有些距離也沒關係。正如同我前面所說，越是遙遠的資訊，反而越可能激發出意想不到的想法。

雖然轉職這件事與戰國武將的經歷不同，並不是在與敵人戰鬥，但其中仍然有許多值得參考的部分。舉例來說，從「戰國武將相信了不確切的資訊而導致失敗」的故事中，我們可以學到「即使前輩說『這家公司很好』，也不能輕易相信」這樣的教訓。當然，我們也有可能從不同的故事中，反而獲得「不能錯過千載難逢的好機會」的教訓。

當出現這種乍看之下相互矛盾的資訊時，只要進一步探討個別的背景和狀況，並深入思考哪一邊比較接近自己的現狀就好了。

像這樣把各式各樣的資訊套到自己身上思考也是資訊處理中的一大重點。

## 問題的本質都在類似的地方

只要不斷地把資訊轉換成自身問題來思考，任何資訊都能夠帶來幫助。

舉例來說，閱讀關於有效的廣告、宣傳方法的商業書籍，理所當然能對從事公關工作的人產生幫助；但如果我們具備良好的思考方式，即便是看似毫無關聯的服務業或創作領域，也同樣能從中獲得啟發。

或許有人會覺得匪夷所思，但其實這種事經常出現。

為什麼呢？這是因為問題的本質大多都很類似。

以前有一場集會，除了我以外還聚集了生物學、物理學等異領域的研究者，我們互相進行簡報討論自己正在面臨的問題。

我發現，即使領域不同，許多問題的本質都在非常類似的地方。經濟學與生物學當然截然不同，但兩個領域中人們所煩惱的問題，在構造上有著驚人的相似。

當深入探討生物學時，生物內部分子的行為會成為一個問題——我們無法準確掌握每一個分子的動向，只能以模糊的方式去理解它。

事實上，這樣的結構與經濟學中試圖掌握社會中人們的行為模式很相似。我們無法逐一精確地掌握每個人的行動，只能透過社會整體的動態來加以理解。

從這個角度來看，就能發現「社會與個人」的關係和「生物與分子」的關係，雖然不能說完全相同，但在構造上具有相當的相似性，因此研究者們都抱持著相似的煩惱。

反過來說，閱讀生物學的書籍，也很有可能幫助我們理解經濟學和解決經營問題。也就是說，只要能夠理解問題的本質——即問題的抽象意義和構造，不同領域的資訊也有可能幫助我們深入探索自己的主題。

## 教養與歷史的真正意義

如果能夠抓住事物的本質，問題就會看起來越來越簡單。

就讓我在這裡以出版業的問題點為例吧！

在文字脫離原本就在進行的情況下，加上人們取得資訊的手段又轉移到網路上，因此出版業被認為是一種正在衰退的產業。我也實際問過在出版社工作的人，有人感到絕望，有人苦於找不到突破方法。

思考這種巨大且複雜的問題時，最重要的是把問題進行分類和切割。因為關於現況的問題大多都處於雜亂未整理的狀態。

舉例來說，雖然「出版業抱持著的課題」和「業務不幫忙賣書怎麼辦」這兩個都是需要解決的課題，但感覺它們的程度相當不同。因此，最重要的是，我們必須在掌握本質之後，在腦中把課題整理成幾個階段：本質上的問題、稍微瑣碎的問題、還有從瑣碎的問題當中出現的人際關係問題和技術問題。

不把問題切割，就很難找到處方籤；我們會在切割之後，尋找個別的處方籤。因此我認為切割的動作很重要，而且能否確實地切割，將會決定我們最後能不能找到解決方法。

只要把雜亂未整理的問題切割開來，就能讓我們看見本質。

那麼，出版的本質到底是什麼呢？

我認為那就是「傳達」（當然，這不是正解，只是我自己在思考之後掌握的本質）。也就是說，我們要在像這樣掌握屬於自己的本質之後，再試著回歸「傳達」這個本質，思考過去的時代有什麼樣的傳達方法。如此一來，就能確定問題的方向性，提示也會更容易地一個接著一個出現。

舉例來說，如果有「在紙張和文字出現之前，是以什麼樣的形式在傳達資訊的呢？」這個問題意識，或許就會找到各式各樣不需要紙張或文字的出版方法。以歷史作為材料來深化思考，不只能滿足對知識的好奇心，還能應用在工作上。當然，關注出版業以外的遠方的資訊也很重要。

即使有人叫你成為有素養的人、叫你從歷史上學習，這種虛無飄渺的話也只會讓許多人不知道該怎麼做、完全沒有想法。不過，只要進行這樣的思考方法，就會讓我們在面對歷史時帶著問題意識，並因此找到新的意義與樂趣。

## 持續改變視角——搖頭思考實驗

當我們試圖解決眼前的問題時，腦袋有時會卡住，導致我們的思考僵化。想要打破這種狀況，我們就必須刻意地反覆攪拌我們的頭腦。

照理說搖動頭腦的動作不在腦袋卡住之前做，是沒有效果的。在感覺腦袋卡住時，或許都有一點太晚了。因此，我隨時都會搖動著頭腦。

這並不是等到把某件事情思考到一定程度才進行，而是不斷地從不同角度找出不同東西，持續地搖動著頭腦。這種程度才剛剛好。

一般來說，自己所專注的東西越多，視野就會變得越狹窄。當然，在最後整理、提出意見的階段，必須縮小視野，但除了收尾的階段以外，最重要的就是不斷改變想法，嘗試完全不同的看法。如果不持續搖動頭腦，將會難以出現嶄新且有趣的點子，最後容易成為毫不令人意外的無聊話題。

我在大學教書時，也會進行這個搖頭的動作。也就是說，我在教學的同時，會一直思考著「這個教法可以嗎」、「用不同的教法會不會更容易理解」等事情。

我屬於會在課程上相當程度地修正軌道的類型。我會一邊觀察學生的臉，一邊改變教學的內容和方法。當然，我事前會決定大概的教學內容，但即使每年都教得一樣，有時也會出現學生沒什麼反應等狀況，因此如果上課途中學生沒什麼反應，我就會做些修正，像是稍微減少算式、在某些地方提出實際例子等。因此。我不會在課堂上使用簡報，因為用簡報做上課資料會導致我沒辦法修改。為了在上課途中能夠調整，我到現在都還在寫黑板。

雖然寫黑板這個動作很麻煩，但這樣做也能讓我覺得教學很有趣；我反而認為反覆以同樣的形式講著同樣的事情比較痛苦無聊。我在日常生活中也會不停地以其他視角來客觀地思考著。

特別是在寫論文、必須想出某個點子時，腦袋一定會卡住。因此，保持著不停地搖動頭腦的習慣非常重要。

## 沉澱的功效

即使不斷搖動著頭腦腦袋還是卡住時，沉澱一下會是一個有效的方法。

舉例來說，在寫論文的時候，把寫完的內容稍微放一下之後再重新看過，往往會發現自己想要修正的部分。或許是因為以冷靜下來的視線去看，有時會發現自己寫得太超過的地方，有時也會發現書寫途中沒有看到的錯誤。

沉澱一下、放慢速度，會存在兩個意義。

一個是，在我們降低專注力時會逐漸看見、發現過往太過專注在那個東西上導致自己沒有看到的東西。另一個是，放慢速度的途中，我們腦中會發生各種變化，新進入的資訊或知識會互相反應，或許就能因此浮現出其他點子。

因此，在讓想法進入收尾階段時，沉澱（放慢速度）是有其意義的。

## 深層思考，讓問題意識向更高層次進化

讓大量的資訊流過腦中時，有時候也會發現一些資訊與之前接收到的資訊相互矛盾。

我們可以找到許多案例與我在前面提到的「戰國武將因為心急而失敗的例子」正好相反。例如，在商業書籍當中，經常會看到某些人因為遲遲無法做出決定，導致太晚跟上時代潮流而失敗的案例。

如此一來，在面對「心急導致失敗」和「動作太慢導致失敗」的兩種教訓時，就會產生另一個「為什麼」：兩者之間的差異是來自哪裡呢？此外，當接觸

到更多資訊時，或許也會發現「因為心急而成功」、「幸好晚一點才做出決定」的案例。

也許這些資訊看似相互矛盾，讓人難以理解其原因，但每當發現新的資訊時，就試著加入新的問題意識吧！像是「什麼情況下需要迅速決定？」、「為什麼太晚跟上時代潮流的公司最後反而成為了贏家？」思考這些問題是一個相當重要的步驟。

即使想出了屬於自己的解決方法，但大多數時候問題不會就此結束。因為找到了關於問題意識部分的解決方法的同時，新的問題意識（疑問）又會產生出來。甚至有時候明明已經特地讓大量資訊在腦中成熟起來，卻還是幾乎找不到解決方法，只有新的問題意識不斷出現。然後，當有其他資訊進到新產生的問題意識上時，又會進一步分出新的問題意識和新的解決方法。也就是說，或許我們可以把思考這個行為想像成反覆地持續這個動作。

像這樣每當出現一個答案時，就又會產生新的問題意識，因此思考是沒有終點的。

此外，也有可能我們認為的解決方法實際上沒辦法發揮作用，這時候又會產生其他問題意識。

越是困難的問題，越是難以找到百分之百的解決方法，最後還是只能一邊讓問題意識在腦中轉變，一邊往前。不過，只要吸收好的資訊並認真思考，就能逐步引導出屬於自己的解決方法，問題意識也會因此向更高層次進化。

有些時候，或許會成長為範圍更廣泛的問題意識；如果解決的部分反而比較多，也或許會縮為微小的問題意識。無論如何，問題意識的品質都將會改變。

## 思考沒有終點

偶然間讀到的書或網路文章上，並不會明確地寫著百分之百合適於自己抱持著的問題意識的答案。

如同我說的一樣，問題大多都只會從中不斷變化，因為幾乎世上所有的問題都不存在著正解。世上的問題不存在著正解這件事，是大家想要解決人生或生活上的煩惱時必須先知道的一大重點。

或許我們可能會藉由書籍或網路的資訊找到當下的解決方法、突破方法。然而，比較實際的想法是「不會有在迅速出現了切中要點的答案之後一切就結束了」這件事。

例如，請大家試著想想看做菜、泡咖啡等事情。這些事並不存在正解，也不存在明確的目標。即使做了好幾次相同的料理，也不會讓你覺得「今天的料理終於達到正解了」，頂多只會覺得「今天做得很好，這樣就很滿足了。」

我認為烹飪的喜悅在於每一天慢慢改善，漸漸做出自己滿足的料理。這一點不只對把烹飪當興趣的人來說是如此，專業的廚師也是一樣。反覆摸索的同時，一點一滴地提升品質——這些人會在這上面找到一種樂趣。

我覺得思考的樂趣與這件事是一樣的。思考並不是追求確定的正解，而是在腦中整理資訊的同時，漸漸地使問題意識產生變化、並深化它們，最後使自己進步——這個過程本身就具有樂趣。

在思考之後，如果能產生新的點子，或是找到屬於自己的理解方式，不管是誰都會得到一種滿足感和興奮感。即使問題沒有正解，也能像廚師一樣在上面找到樂趣。

把頭腦用在自己覺得有趣的方向會讓我們更進一步思考，也會逐漸掌握這項能力——這個好循環將會就此成立。根本上來說，沒有人知道正解。重要的是在行動之後，我們必須對那些地方提出疑問，並朝向更好的方向。

思考絕對不是痛苦、困難的事，而是一件快樂的事。

【專欄❺】

## 過度分析過去的成功，會讓你想不出有趣的東西

設計了熊本縣吉祥物「熊本熊」的水野學先生曾經向我說過他的理論。他說：「雖然大家都說設計需要有具創造性的腦袋，但如果沒有過去累積的設計就沒辦法進行有創造性的設計。」

我認為這確實是正確的。因為新的想法正是建立在過去累積的想法上。當然，從過去積累取得的資訊並不屬於自己，也不知道能不能全盤接受過去人們的想法，但作為一種資訊來掌握有它相對重要的地方。

不過，我認為經濟學者最容易反過來被過去的學說綁住，因此不被過去束

縛、思考新的事物才有意義。相對來說，設計的世界比較著重在創造性，因此他的主張也相當重要。過去積累的重要性或許會是現在的趨勢，也是一種表裡的問題。

我自己在寫論文時，不太會思考過去的學說與研究。其他人都會有強烈地意識，認為寫出與現存的論文相似的東西就不會得到好的評價，因此多會在徹底調查過去的論文內容之後，才以已知的學說為基礎書寫一些東西。

當然，發表論文之前會需要做這種檢查，但我是採取一種相反的思考方式。我進行的順序會是先寫自己想要寫的東西，再去檢查過去的論文和研究過程。如果發現有人在過去做過相同的研究，我再稍微改變一下自己的內容。因為不按照這個順序進行，是不會出現新點子的。

如果事先知道太多過去的資訊，很容易讓我們畫地自限，導致無法進行任何事情，也無法寫出好的內容。也就是說，如果讀太多人們所寫的東西，就寫不出自己原創的論文。

而且，如果追在某人的背後學習，會很容易讓我們覺得自己已經理解了。如此一來，就不會湧現好奇心和問題意識，也會失去出現新點子的契機。

在學術的世界裡，勝負在於是否能做出屬於自己的研究，因此最重要的就是能否進行與過往完全不同的思考方式、產生與過往完全不同的想法。

當然，這也是程度拿捏的問題，如果完全不知道過去的事情，當然也不會出現新點子。關於這一點，就像水野先生說的一樣，我們必須以過去作為前提，但又不能做得太超過。

或許這不只適用於學術的世界，工作也是同樣的道理。如果問太多過去前輩做的事情，就只會接收到「哪些事不行做」、「做什麼才會成功」等資訊。如此一來，我們就會把自己的創造性束縛，可能只能模仿前輩的成功案例。而且，我們無法保證曾經成功的案例是否能適用於現在的時代。

也就是說，雖然分析過去的成功有重要的地方，但做得太過頭，會導致無法出現有趣的事物。

## 結語

這是個人工智慧（ＡＩ）急速發展的時代。當然，人工智慧會不會為社會帶來現在大眾媒體熱議的革新？技術會發展到什麼程度？沒有人能夠正確地預測。

然而，我認為不管怎樣，如果想要發揮人類的強項，培養思考能力無庸置疑地會變得更加重要。

但是，怎麼做才能掌握思考能力呢？根本上來說思考是什麼？當被問到這些問題時，許多人都會感到疑惑。實際上，學校等地方也沒有明確地表示有在進行思考的課程，也沒有建立具體的方法。因為，真要說的話，一直以來大家都是從經驗中自然學會那些東西。

這樣一想，我覺得有必要把「為了深入思考、確實處理事物所需要的思考方式與努力」整理成文字，而本書的第一個目的就在這裡。

當然，我們需要的思考方式不一定大家都相同。根據人的不同，許多時候會有非常大的差異。但是，我覺得其他人用著什麼樣的思考方式也是一個重要的資訊，會有可以參考的部分。

另一個時代的巨大變化是，資訊正如洪水般沖向我們。幾乎所有人每天都透過手機、平板等，看著大量的社群媒體與網路新聞。許多人耗費大量時間在閱讀這些資訊上，甚至被網路上的資訊追著跑。我感覺這導致深入思考的時間越來越少了。

此外，自網路上流通的大量資訊之後，越來越多人只會接觸到自己想看到的資訊。因為受到技術進步的影響，社群網路或網路新聞會根據使用者的履歷來判斷，並推送使用者可能會有興趣的資訊和新聞到看得見的地方。

這種功能非常便利，我們確實能藉此節省時間。然而，這會導致許多人只會看見自己想看的新聞，或是與自己有相同想法的文章。

人們只看想看的東西、只接觸相信的資訊，想法就會僵化，並越來越難以出現新的進化。此外，在思想上也會變得很容易出現偏頗的想法。

這樣一想，就可以明白在這個充斥著大量資訊的社會中，如何好好地處理資訊是一件多重要的事了。此外，我們不能只擷取大量資訊中的一部分來理解，必須以沒有偏頗的形式來進行大量的處理。

因此，本書的第二個目的就是，為了向大家提示能運用在資訊爆炸時代中的思考方式和資訊處理方法。

更進一步來說，事實上，這本書的第二個目的不是個別的東西，而是非常共通的。因為我們所需要追求的思考方式是相同的——如何才能在好好運用大量資訊的同時，深入思考找出解決方法？本書最大的目的就是盡可能以容易理解的形式來提示適用於資訊爆炸時代的全新思考方式。

雖然我不知道這本書能在每個人心中留下多少份量，但希望它能盡可能地向許多人提供一些參考價值。

# 寫給文庫版的後記

本書的單行本出版之後，發生了一件大事——那就是隨著新冠肺炎的大流行，人們的生活環境產生了劇烈的變化。或許，讀者們拿到這本書時，傳染病已經平息了。然而，從我在書寫本書後記的二〇二〇年末以來，人們變得難以前往海外，許多活動也被迫中止，世界上不管是工作環境還是生活環境，都發生了各式各樣的限制和變化。

二〇二〇年我們實際感受到了世界真的會發生意想不到的事，但稍微想一下就會發現，事實上我們的日常生活一直都在不斷發生意想不到的變化。那並不是只會帶來壞的影響，也有可能產生好的變化。

人們的想法不管怎樣都很容易被過去的經驗束縛，也很容易站在過去的延長線上思考未來。人們會覺得只要到目前為止持續都是直路，未來的路也都會是直的；幾乎不會想：即使走在連綿不斷的暗處，視野也可能會突然開闊，走向明亮的地方。另外，道路也有可能意外地被開拓，因此出現了巨大的機會。雖然突然襲來的新冠疫情是一件累人的事，但我認為它同時告訴了我們這世界存在著那種明亮的可能性。

然後，在應對這種意想不到的變化時，最重要的果然還是自己確實地思考。因為在沒有過去的延長線的情況下，我們沒辦法直接運用過去的經驗法則。那你說只要聽從某個權力者的指示就好了嗎？那個權力者可能也完全不懂，因此這不會正解。在這種情況下，我們要組合各種或許不足的資訊和知識，自己思考，並不斷找出新的應對方法和方向性。這種態度將會變得非常重要。在新冠疫情時，透過線上參加研討會的人增加了，也多了許多購買書籍、想要增加新知識的人。這些一定都是因為他們想要像這樣取得關於某個新方向的點子。

這時候最困難的還是自己思考的流程。

或許是因為習慣於為了考試而學習的教育，我們很容易想要盡可能地在自己腦中記住許多知識和資訊。然後，我們也很容易從記住的知識當中，尋找「正解」。

然而，在這個網路、數位裝置如此進步的世界，把資訊塞進自己的腦中本身完全沒有任何意義。比起這些，更重要的會是我們能在網路上確實找出多少資訊。

此外，在發生全新、意想不到的局面時，單純把過去的資訊拿來用，也不一定會是正解，更不用說把某位權力者所說的話毫不思考地理解，也不會是正解。我們只能透過自己的大腦思考，並找出屬於自己的正解。

本書想闡明的正是在那之中，我們要怎麼思考並找出屬於自己的正解。自己是怎麼動腦、是以什麼形式在處理資訊，這些動作的很多部分都是無意識間進行，因此要把它確實地說明並寫成一本書，是一件相當困難的事。很榮幸本書獲得許多讀者的好評，讓本書能夠以文庫版的形式重新出版。身為作者，我真的對此非常感謝。

我想再一次強調的是，如同我在本文中所寫的一樣，思考方式和思考流程有很大的部分取決於習慣，因此事實上只要單純地改掉習慣就能獲得相當大的改善。

我常常會聽到這些表現方法：「那個人很聰明」、「他大腦的完成度不一樣」。我認為這當中隱含著一種想法——腦袋的好壞是由天生的能力決定的。

當然，就像奧運選手和一般人之間與生俱來的身體能力有所差異一樣，並不是誰都能夠成為天才數學家。我沒有要主張說這部分不存在天生的差異。但是，如果能具備與大多數人的想法不一樣的思考習慣，將會讓結果產生很大的變化。事實上，那些被認為聰明的人，都只是在某種契機下養成良好的習慣而已。

想要改變習慣或許多少會有點辛苦，也會有點花時間。但是，並不是說一定要有某種特別的能力才有辦法改變習慣，只要肯花時間積極投入，任何人都有辦法改變。

未來的時代，變化只會越來越劇烈，因此我們沒辦法期待會有人給我們正解。我們必須在接收大量湧入的各種資訊的同時，思考出屬於自己的「正解」。這時候養成自己確實思考的習慣將會成為一個巨大的武器。

本文的內容，換句話說就是在說明：「如何改變習慣」以及「應該朝什麼方向培養習慣」。希望大家能夠一步一步朝好的方向養成習慣，在這個過程中不需要著急。雖然無法一夜之間改變已經養成的習慣，但只要持續下去，就一定能夠慢慢改變。

如果本書的內容能夠成為許多人建立良好習慣、練習自主思考的契機，那我會感到非常高興。

二〇二〇年十二月　柳川範之

日本名校教授思考法
# 如何在資訊時代，活得清醒？

出　　版／楓書坊文化出版社
地　　址／新北市板橋區信義路163巷3號10樓
郵政劃撥／19907596 楓書坊文化出版社
網　　址／www.maplebook.com.tw
電　　話／02-2957-6096
傳　　真／02-2957-6435
作　　者／柳川範之
翻　　譯／顏君霖
責任編輯／黃穫容
內文排版／洪浩剛
港澳經銷／泛華發行代理有限公司
定　　價／380元
初版日期／2025年9月

國家圖書館出版品預行編目資料

日本名校教授思考法：如何在資訊時代，活得清醒？／柳川範之作；：顏君霖譯. -- 初版. -- 新北市：楓書坊文化出版社, 2025.09　面；公分

ISBN 978-626-7730-47-8（平裝）

1. 思考 2. 思維方法 3. 思考能力教學

176.4　　114010802